国家社科基金

申报指导手册

田洪鋆
著

清華大學出版社
北京

版权所有，侵权必究。举报：010-62782989，beiqinquan@tup.tsinghua.edu.cn

图书在版编目(CIP)数据

国家社科基金申报指导手册 / 田洪鋆著 . —北京：清华大学出版社，2022.1
ISBN 978-7-302-60051-0

Ⅰ.①国…　Ⅱ.①田…　Ⅲ.①社会科学－基金项目－申请－中国－手册
Ⅳ.①C36-62

中国版本图书馆 CIP 数据核字 (2022) 第 012123 号

责任编辑：朱晓瑞
封面设计：汉风唐韵
版式设计：方加青
责任校对：王荣静
责任印制：朱雨萌

出版发行：清华大学出版社
　　　　　网　　　址：http://www.tup.com.cn，http://www.wqbook.com
　　　　　地　　　址：北京清华大学学研大厦 A 座　　　邮　　编：100084
　　　　　社　总　机：010-83470000　　　　　　　　邮　　购：010-62786544
　　　　　投稿与读者服务：010-62776969，c-service@tup.tsinghua.edu.cn
　　　　　质　量　反　馈：010-62772015，zhiliang@tup.tsinghua.edu.cn
印　装　者：三河市东方印刷有限公司
经　　　销：全国新华书店
开　　　本：148mm×210mm　　　**印　　张：**5.875　　**字　　数：**135 千字
版　　　次：2022 年 3 月第 1 版　　**印　　次：**2022 年 3 月第 1 次印刷
定　　　价：58.00 元

产品编号：095749-01

自／序

为什么要写这本书？

我从事的是写作研究工作，也经常会写一些关于国家社科基金申报的帖子。这些帖子受到了很多老师的支持和喜爱，也让我有机会收到各高校的邀请，近距离接触到不同高校、不同学科老师的申报书。经过常年的审阅、修改和评审工作，我发现老师们在申报社科类项目的过程中主要存在三方面的问题，分别是**思路不清**（不知道怎么写申报书，或者写出来之后别人看不懂）、**没有自我诊断能力**（自己无法判断所写申报书的好坏和是否符合标准）以及**缺乏申报过程中的自我管理能力**（很多申报书是在时间不够用的情况下勉强写出的，没有时间打磨）。

出现上述问题的主要原因是申报者并不了解国家社科基金设立的目的、要求和标准；申报者本人缺乏写作经验以及对自己思路的整理能力；同时，国家社科基金的申报工作也是一个长期的准备过程，无论是在有形的资料准备上还是在无形的大脑构思上都需要投入相当长的时间，这就要求申报者本身应具有很强的过程管理能力，对国家社科基金申报的各个流程进行精准的把控。只有这样才能够避免虎头蛇尾、前松后紧等由于申报过程控制不好导致的问题。

本书的撰写，是为了帮助你了解这些关于国家社科基金申报的最基本的要求，澄清一些申报者对于国家社科基金认识上和操作上的误解。本书试图以一个普通的教师打算申报本年度国家社科基金的视角，按照时间和大脑的认知顺序向你呈现出申报工作的大致过程和安排，并将其分为认识论和方法论两大模块。在认识论模块中，主要向你解读国家社科基金的基本要求，帮助你树立一个正确、客观和理性的申报态度和意识。在方法论模块中，本书会系统地向你讲解国家社科基金申报书的构成和准备申报的几个重点环节，书中会有清晰的标准来帮助你明确每一个环节的要求。你可以运用这些标准和要求来进行申报书的构思和自我检测，还可以按照本书当中的步骤和要求进行申报工作的过程管理。我们必须意识到，一份最终定稿的申报书中出现的问题其实在很大程度上是由于某些环节没有达标、整个申报工作的过程没有管理到位所造成的。

本书撰写的另外一个目的，是想解决目前在项目申报和申报辅导之间出现的巨大的供需不平衡问题。一方面，国家社科基金、教育部社科类项目、各省的国家社科基金年年都组织申报，涉及教师众多，涉及高校众多。另一方面，对于项目申报的指导还远没有满足这些需求。这是因为目前的大部分关于社科类项目申报的指导呈现出以下四个特征，从本质上也没有办法特别好地帮助申报者完整、系统、规范地完成整个申报工作。

第一，主要为经验分享，不能被复制和转化。目前从事国家社科基金申报辅导工作的老师多为兼职，他们有着相当成功的申报经历，有着相当丰富的评审经历，有的甚至能够参与到国家社科基金项目的最后"上会环节"。他们的经验分享其实是很宝贵的，能够给申报者提供很多观察和思考国家社科基金申报工作的视角，进而引发申报者的深度思考。但是很多申报者在听完相关讲座或者分享之后，会出现听着很明白，但是轮到自己开展申报工作的时候还是一头雾水的情况——不会申报，不会填写，甚至老师在讲座的过程中说了些什么也都变成了一些模模糊糊的记忆。这是由于辅导老师对经验的认识还停留在感性认识的阶段，是属于个人的学习心得，这些个人的经验只有经过系统的归纳和整理才能上升为规律和本质性的认识。也就是说，只有规律和本质性的认识才能被复制和转化，目前这种存在于辅导中的大量的经验分享是无法实现将申报成功的经验从辅导教师向申报者转移的。

第二，主要是理念传递，不能被操作和落实。由于我从事写作研究，也经常辅导老师进行国家社科基金的申报，在日常工作中，我也就特别留心看别人是如何辅导国家社科基金申报的。我阅读了很多辅导申报的帖子，甚至也到现场听过报告。我发现很多报告或者帖子都是大而化之的理念，根本没有办法被操作和落实。比如，几乎所有的辅导类帖子和讲座都会提到"选题不能太大"，那么什么是"不能太大"？为此我还写了一篇帖子《到底什么是老师总说的"选题大"？L号算大还是XL号算大？》。其实，申报者也知道选题不能过大，但问题是什么样的选题对申报者来说是"过大"的？这在本书中会被解读。

到底什么是老师总说的"选题大"？L号算大还是XL号算大？

第三，主要是问题描述，缺乏诊断和检测标准。这个问题和上面的问题是相关联的。有时候我们的申报者获得了一些专家对于自己申报书的指导意见，比如不具有理论性，比如论证还需要加强，比如文献不扎实、选题不够新颖、现实意义不够强。那么这些描述性的语言背后到底是什么意思？恐怕申报者对这样的评价经常是束手无策的，不知道怎么改正，甚至不知道这类问题出在哪个申报环节上。其实，像我这样的执教近20年，又专门从事写作研究的教师，是能够看懂这类评价的。但是，申报者多数都是第一次申报，或者从未中过相关项目，他们多数欠缺写作经验，对于这种缺乏标准的描述、缺乏细节的评价其实是理解不了的。对于从事辅导项目申报的教师而言，不仅要指出申报者在申报过程中出现的问题，还要提供标准说明为什么这是个问题以及如何解决这个问题，不能"只管杀不管埋"。

第四，主要是片断性辅导，缺乏过程规划和控制。我经常被邀请做项目申报指导类的报告，有时候也会与申报者面对面讨论。我的一个感受是，国家社科基金的申报是一个过程非常漫长且涉及环节很多的工作。申报者对于项目申报辅导的需求可能是过程性的，例如：在申报的最初要有人跟申报者讲清楚国家社科基金是一个什么样的东西，它的基本要求是什么。在申报的过程当中要有人帮助申报者去把关他的问题意识、他的组织论证、他的文献质量和数量，以及对反复出现的问题进行纠正。最后，还需要有人帮助申报者审查表达和逻辑方面的问题，文字能否将申报者的想法准确地表达出来，逻辑的安排是否让评审者感到清晰好懂，这些都是需要进行过程辅导和监管的。但是，这种全过程的辅导几乎是无法实现的，只能依靠申报者进行自我管理。但申报者在进行自我管理的过程中，没有可以参考的依据，只能按照自己的主观认识来，而申报者的主观认识大多是存在一定的误区的，这些无疑都会影响申报工作的开展和最终的效果。

由于工作关系，我经常能够接触到一些教育学的相关理论和实践，再加上多年从事写作研究并出版了《批判性思维与写作》一书，我敏感地发现了在国家社科基金申报领域中存在的写作问题，并试图从自己所学的角度对这些问题给予回应。

首先，国家社科基金的申报也是一项写作工作，它与论文写作的底层逻辑是相同的，即考察的都是申报者的思维能力，也就是运用专业所学解决特定问题的能力。因此，不同于以往的国家社科基金申报辅导，本书更加强调在国家社科基金的申报过程中思路是怎样形成的，思维上的要求是怎样的，需要具备哪些条件和完成哪些要求。本书不会仅停留在理念、经验以及宏观描述上，会向思维训练、思路形成、微观操作等方面延伸。

其次，国家社科基金的申报要求申报者了解基金设置的目的、分类和要求，而不是一味地关注自身所学、自身想要做的研究。申报者不能将自己局限在自己研究的专业领域之中，还要具有宏观意识和大局观，将自己的研究置于国家需求和社会发展的趋势中，更好地解读基金的政策、了解基金设置的目的和导向，将自己所学与国家的宏观需求结合在一起才能增加中标的概率，做到知己知彼，站在风口上。

最后，本书会强调国家社科基金申报工作的过程性和完整性，而不是单纯地强调申报书填写、修改以及后期调整的一些工作——这些工作都是要建立在前期积累的基础上的。因此，本书会系统地呈现出申报工作的过程，对重点环节进行细致讲解和示范举例。一方面，申报者可以按照本书实操部分自行练习，真正做到落地和知识迁移；另一方面，申报者可以按照本书设定的申报流程和步骤，结合自身的实际学术状态进行过程管理，合理规划时间，做到统筹规划，避免因为管理不到位而耽误申报工作或者影响申报的效果。

综上，针对申报者的需求，结合自身工作的经验，笔者以思维为基础，从申报者从事申报工作的组织角度撰写这本能够帮助申报者更好地认识国家社科基金申报工作的性质、要求、流程以及标准的指导用书，实现了以下几方面的目标：①以申报者为中心。相比于被告知"哪里错"，申报者更期待被指导的是"怎样做"。本书从申报者开展申报工作的视角切入，从辅导教师的想要"教什么"转向申报者需要"学什么"，切实站在申报者的角度回应如何操作的问题。②以思维训练为核心。项目申报本质上是考察申报者的思维能力，即解决问题的能力，因此本书更多地会集中于问题意识的形成、组织论证等方面，并不仅仅局限在对流程的描述以及一些宏观的、理念上的要求或者技能的简单培训上。④以体现全过程规划和管理为重心。国家社科基金的申报是一项复杂的工作，其难度不亚于管理一个项目，申报者要对申报工作的全过程有清晰的认识并对相关环节进行规划和管理，按照进度推进申报工作。本书对于申报工作的全过程解读能够帮助申报者认识到申报工作的复杂度和全貌，申报者也能通过本书安排的步骤设计时间进程表以进行自我管理。④以可操作、可测量和可自我检测为目的。本书写作的目的绝不仅仅是宣传一种理念、澄清某些误解，更多是希望能够提供一种研究的思路和标准，使得申报者能够按照本书提供的方法论进行自我练习、自我反思和自我检测，从而能够在缺乏相应指导的情况下通过自身的学习和努力完成这项颇为艰巨的申报工作。

　　笔者虽然热爱写作，并在近十年的时间内一直致力于批判性写作的研究且出版了相关的书籍，但毕竟是法学专业出身，对高等教育学偶有涉猎，本书的撰写一定还存在很多可以提升的空间，也恳请本书的读者和各位业界同人能够批评指正！

　　最后，要感谢那些信任我并支持我写作的领导、朋友和同事，是你们给了我一次又一次近距离观察国家社科基金申报书的机会，是你们给了我很大的信心和鼓舞让我完成本书的写作，如果没有你们，作为一个法学专业出身的教师是没有勇气从事这样一份艰难而具有挑战性的工作的！

目 / 录

第1章

项目申报考察申报者的两大能力

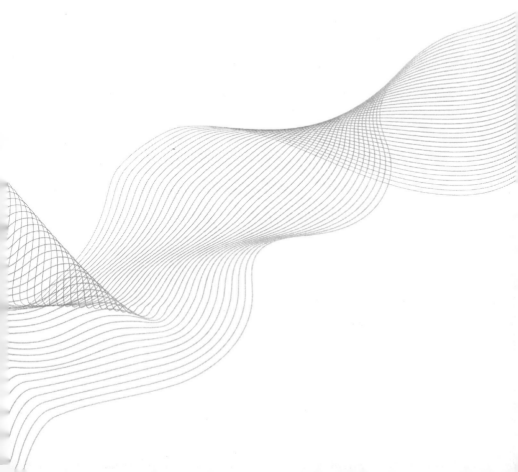

　　本章想要解决的问题是很多申报者在申报之前对国家社科基金是什么，主要考察申报者的哪些能力了解得并不充分，或者是一点都不了解。在这样的情况下，申报者就匆匆地展开了申报工作，其效果可想而知。更让人难过的是，由于对国家社科基金的基本要求、申报者与国家社科基金之间的准确互动不了解导致的项目屡申不中的情况比比皆是，但是申报者自身又认识不到真正的原因所在，就会滋生抱怨、惰性、心灰意懒的负面情绪，不愿意再申报。笔者所在学校就有一个同事向我抱怨："国家社科基金申报年年不中，感觉这里有黑幕。"有一年他甚至向我提供了证据："同一题目有人中了，而我没有中，这就是有黑幕的铁证。"我向他索要了申报书，然后我就发现了这里面的问题。这份申报书其实是有问题的，从写作方面来看并不完善，反映了申报者对申报工作其实是不了解的。国家社科基金申报最终能否中标其实是多因一果的，而其中最重要的因素在于申报者首先要将自己的申报书做到尽善尽美，使之符合国家社科基金申报的要求（俗称：本子得行）。在此基础之上，天时、地利、人和共同作用，才有可能获得申报者期待中的结果。因而不管怎样，我们都需要将自己手头能做的工作——申报书的撰写先做好，而做好这份工作需要有一个前提——对国家社科基金有准确的了解和把握。所谓知己知彼，百战不殆！

1.1　国家社科基金是科学研究的一部分

我曾经问过一位同事："你为什么有资格申报国家社科基金？"这位同事回答我说："因为我是老师。"我说："错，因为你是教学和科研并重的老师，更确切地说，你是科研工作者。"很多申报者经常会忽略这个问题甚至压根儿不考虑这回事，但这很重要。国家社科基金是科学研究的一部分，原则上只有科研工作者才能够申请，单纯具备教师身份，但是本身并不从事科学研究，其实是没有办法也没有能力申请国家社科基金的。

科学研究是指借助已有的理论、知识、经验，对科学问题的假设、分析、探讨和推导结论，其结果是力求符合客观规律的，是对未知问题的某种程度的解释和解决。请注意，这里面有几组关键词：①理论、知识、经验；②问题；③解释和解决。也就是说，科学研究是科研人员运用已有的知识、理论或者经验解决问题的活动。国家社科基金也是如此，它要求申报者运用自己已有的**学科知识、理论或者经验**解决一个国家（课题申报指南）所关心的**问题**。这也是国家社科基金的申报归口科研处进行管理的原因。这本是一个平淡无奇的信息点，为什么我们要在这里严肃地提及并澄清呢？原因是很多年轻教师，甚至是很多中年教师也都没有搞清楚什么是科学研究，他们并没有用科学研究的思维来面对国家社科基金的申报工作。接下来我们从两个方面来解读一下国家社科基金对申报者的要求。

1.2 用专业知识解决问题的能力

之前，我们提及了只有科研工作者才可以申请国家社科基金，普通的教师并不能。这是因为现阶段在中国，教师虽然也是具备专业知识的主体，但是他们更多具备的是专业知识讲授能力，他们的主要工作是向学生讲授专业知识的内容，帮助学生建立起一套完整的知识体系。虽然教育部也推出各项改革措施，要求教师上课的时候不仅要讲授专业知识，还要注重能力的培养，但是就目前中国高等教育的普遍情况来看，教师上课还主要是以知识传递为主。科研工作者则不同，科研工作者不仅要具备完备和扎实的专业知识体系，同时还要具备用这些专业知识解决现实生活中（或者理论研究中）真实问题的能力，这是两者非常不同的方面。一个好的科研工作者同样可以用科研来促进他的教学，这是因为好的科研工作者可能不会局限于知识传授，还会传递一些问题解决的思维，从而实现布鲁姆所说的高阶能力的培养，但这并不是重点。本书想要着重指出的是，国家社科基金申报要求申报者具有专业能力，这个专业能力不是指专业知识的讲授能力，而是用专业知识解决问题的能力。

在申报的时候，很多申报者其实分不清这两种能力的差别，以至于他们写的申报书像教科书（教科书的文体是一种典型的说明文文体），它的功能仅在于向评委展示你某一方面的知识，但并没有展示你用知识解决某个问题的能力。我们用图 1-1 来说明一下这两者之间的区别。

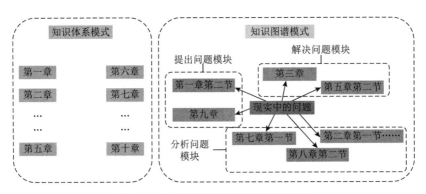

图 1-1　知识体系和知识图谱的区别

　　所谓的专业知识讲授其实是在向对方传递一套专业知识体系，而用专业知识解决问题的能力其实是一套知识图谱，是指用专业知识解决一个现实而具体问题的能力。我们大多数的教师从事的都是教学和科研并重的工作，他们经常会混淆这两种不同的能力。同时，用专业知识解决问题的能力更难掌握，原因在于从知识体系转化为知识图谱，也就是从具有专业知识到具有用专业知识解决问题的能力，是需要通过思维培养来实现的。这种能力可以被分解为以下三个方面。

1.2.1　捕捉问题的能力（问题意识）

　　国家社科基金需要申报者具有用专业知识解决问题的能力，而非仅仅是专业知识的传递和讲授能力。**这种能力首先可以被理解成为一种问题的捕捉能力。**当一个人具备扎实的专业知识体系的时候，他就有可能对现实生活当中存在的某些迹象做出专业的解读、形成专业的认识，也就是在别人还没意识到这是一个问题的时候，他的专业素养就已经告诉他这里有问题。比如：一个非常精通汽车制造原理的人，在日常开车的时候就很容易捕捉到发动机异响，进而判断出车存在的问题；一个非常专业的经济学家，通过居民日常消费习惯的变化就能捕捉到宏观经济形势的隐含问题；一个谙熟人口学理论的人，通过第七次人口普查的相关数据就能判断出未来劳动力市场的隐患。要想捕捉到现实生活当中的蛛丝马迹、背后所隐藏的专业问题，学者也好，专家也好，他们除了具备扎实的专业知识之外，还必须具备丰富的实践经验。这在医生身上体现得非常明显。通常在医学院完成了博士研究生教育的医学生，都具备非常丰富的专业知识。但是由于他们缺乏临床的实战经验，他们的专业知识并不能够马上被运用到疾病的诊断中，甚至遇到病人，都没有办法准确地判断出是什么样的病。这一切都说明，仅拥有专业知识，而没有相关实践经历，就很容易错过对一些现实问题的捕捉。因此，发现问题的能力其实是非常重要的，而这也是一切科学研究的基础和前提，国家社科基金项目也不例外。

国家社科基金项目是一种非常典型的问题导向型的科学研究活动，这从每年的项目申报指南当中就可以看出。每年的项目指南都会针对各个学科，分门别类地列出不同领域国家和社会所关切的方面（注意，我使用的词汇是"方面"，而不是"问题"，原则上项目指南指出的是"域"，你需要在这里发现"点"）。基金希望项目的申报者能够围绕基金所列出来的项目指南确定相关的选题，虽然基金不排斥自选题目，但是基金更感兴趣的是申报者能够用自己的知识帮基金解决多少问题。①

---

① 问题导向在重大项目、重点项目、专项项目上表现得非常明显，在申报最初就明确强调了国家在这些项目上的迫切需求。相对而言，国家对普通项目、青年项目的申报者采取的还是扶持、帮助的态度，提供一个机会让这些申报者来提升自身的研究能力，这些项目当然也需要解决一个问题，只不过对解决这些问题的需求没有重大项目、重点项目和专项项目那么迫切。

1. 什么是"问题"？

最难的是，申报者有时候弄不清楚什么是"问题"。不要看"问题"就是两个简单的汉字，但实际上很多人不明白"问题"的含义，我经常需要给大家解释什么叫"问题"。由于汉语是表意的文字，英语是表音的文字，二者对这一问题的回答有不同的表达。表音的文字要想表达不同的含义，必须借助不同的单词，可是汉语不一样，"问题"可以包含很多不同的意思。有一次担任毕业论文答辩评委时，遇到一名学生，他的论文题目是《诉讼时效法律问题研究》。诉讼时效是法学专业特有的一个概念，这个概念是什么含义呢？比如说我向你借了 2 万块钱，约定在 2018 年 11 月 11 日前还款。当时法律规定诉讼时效是两年，即截止日期为 2020 年 11 月 10 日[①]，即你在期限届满的日期（2020 年 11 月 10 日）之前必须要求我还款，否则过了诉讼时效，法律就不保护你了。为什么不保护你呢？因为你自己都不上心，法律不保护躺在权利上睡觉的人。这个制度叫诉讼时效。

然后呢，我们答辩组问："同学，你要研究的是啥问题啊？"

他说："老师，我要研究的是诉讼时效问题。"

我说："诉讼时效的啥问题呀？"

他说："就是诉讼时效的法律问题。"

我说："诉讼时效的法律的问题的啥问题呀？"

他说："诉讼时效的问题就是诉讼时效的法律问题，诉讼时效的法律问题就是诉讼时效的问题。"

如此一来，我们的答辩就陷入了僵局。因为没有对"什么是问题"达成一致的理解，尤其这个问题还发生在师生之间。我是

---

① 此处指旧法即《中华人民共和国民法通则》第一百三十五条的规定；新法即《中华人民共和国民法典》第一百八十八条规定的是三年。

学国际法的，我当时就跟他说："英语当中有两个单词对应汉语当中的'问题'，一个是'question'，一个是'problem'，你跟我说一下，我今天问你的'问题'是哪一个？"

当时那个学生就懵了，然后问我："老师，这俩单词有啥区别吗？"

我说："当然有啊。这两个词虽然都可以翻译成汉语当中的'问题'，但是含义是不一样的。"学生不知道，估计很多老师也不知道。审申报书时，我会发现很多人对此并不清楚。

首先我们看一下"question"对应的动词是什么，大家都知道是"answer"。"answer"的意思是"回答问题"，也就是说，"question"是指你需要回答的问题。而"problem"它对应的动词是什么？是"solve"，解决需要被解决的问题。那么"question"经常出现在哪些场景？它经常出现在学生的试卷中。比如："Please answer the following questions."就是请你回答下列的问题。"question"最核心的一点是它是有答案的，不需要研究，人类在这个问题上没有困扰，已经形成了共识性的认识，你只需要记住并且在需要的时候回答出来就行。既然"question"不需要研究，不是我们研究的对象，也就不能是大家申报国家社科基金的"问题"。研究的问题实际上是"problem"，它是指麻烦、困扰、困难，人类目前没有好的解决方案，或者是人类现在压根儿就没有方案，所以需要我们通过研究来找到解决方案。

因此，首先我们要在这个问题上达成共识。一定要锁定你的研究，你的这个申报书中要有一个"problem"。但很不幸的是，每年都有很多老师把"question"直接放在申报书里，围绕"question"进行一通解释，但其实都没有用。围绕"question"进行解释只会形成知识体系，只有围绕"problem"才会形成知识图谱。

2. 什么是一个大小适中的问题？

我们经常被告知，国家社科基金申报书的选题不能太大，也不能太小，经常会有朋友问我，怎么才能判断出什么问题是大小适中的？我用一个真实故事把这个问题解释一下。

一个同专业的朋友拿了一份申报书让我看，题目是《国际经济规则的话语霸权及反制》（题目为虚构），并且告诉我他以此为题申请了两三年，一直没中。为什么没中呢？我觉得有一个因素——这个题目不是这个朋友能做的。换句话说，评审专家并不认为他能做这个题目。我这个朋友是"85后"，年轻学者，刚入职没有几年。

学术圈是分等级的，划分等级的标准有很多，比如从学术团体的角度有：会长、副会长、秘书长、副秘书长、常务理事、理事和普通会员；从大学的职称体系来看（文科）：一级教授、二级教授、普通教授、副教授、讲师、助教……你在什么位置，你就在学术体系中处于什么等级。也许有些人不同意我的观点，觉得我用等级论刺伤了某些人的自尊心，别着急，接下来的"真相"更扎心。

相对应的，国家社科基金项目的申报也有等级。总体而言，我认为项目选题有四种类型，这四种类型对研究人员的身份（也就是研究者在学术圈的等级、地位）是有要求的。通常这种身份的限制并不会被明确指出，但是申报者自己心里得有数，别动了自己没有能力动的奶酪！

选题分为四种。用一棵树来表示最为恰当，树有树干、树枝、树叶和叶脉。选题也有树干级别的选题、树枝级别的选题、树叶级别的选题和叶脉级别的选题。树干级别的选题如《法治中国的构建》，这个题目只有资深教授能做，资助经费在百万元以上。此类选题要求申报者德高望重，有全局的控制力和底蕴，最主要的是有庞大的团队。年轻学者不要碰这种树干级别的选题。

《法治中国建设中的政府职能转变》，这一选题是在《法治中国的构建》基础上限缩了一下，是一个树枝级别的选题，我个人觉得二级教授可以做，项目级别在重大项目这个档次，经费在35万元以上。

再比如，《法治中国建设中×××因素对政府职能转变的影响及效果评估》，这一选题很明显又进行了限缩，是一个树叶级别的选题，我觉得普通教授和副教授可以做这类题目，资助经费在20万～35万元，适合做一个普通项目或者重点项目。

在树叶级别上再进行限缩的项目就是叶脉级别的项目，如青年项目，适合讲师、助教或者博士生来申报。

那我们回过头再来看上面那个同专业的朋友提交的申报书标题——《国际经济规则的话语霸权及反制》。很显然，这是一个树干级别的选题，这类选题通常不适合年轻学者来做，如果要做也需要将选题限缩，比如改为《国际投资规则范式的反制与创新》，即选取国际经济规则下面的一个小分支来做，或者选取某类规则，比如改为《国际投资法中国家安全审查规则的反制》，这样，选题就会变成了树叶或者叶脉，也比较符合申报者的身份。

同理，如果我已经五六十岁，我还是一直在做树枝级别的选题而没有接触到树干类的选题，这就说明我在学术上其实成长得很慢。大家可以去看看历年申报成功的选题，凡是那种格局很大的选题都是本领域中德高望重的老学者承担的，而不可能由一个年轻学者或者是初出茅庐的小辈"领衔主演"。因此，各位申报者还是要对自己在学术圈中的学术地位有准确的判断，才有可能确定一个比较合适的选题。

在这里需要补充说明的是，选题大小是否合适，以及问题意识是否清晰，其实在每个学科中都不一样。有的学科发展得比较

成熟 [①]，比如经济、法学、商学等。在这些学科中如果问题意识不是很清晰，那申报成功的可能性就非常低了。但是有些学科成熟度较低，在这些学科中问题意识不是很清晰，有时偶尔也会通过。同样，即便是同一个学科领域，也会出现二级学科方面的不同，比如在法学领域内，法制史的选题就偏向史料、文化研究，现代意义上的定量、定性应用相对少，导致这个二级学科与其他法学二级学科的选题不太一样。大家可以根据自己所在学科的特点对这个问题做出灵活判断。但不管怎样，选题的大小其实是跟你在学术圈的学术位置有很大关系的，有很多选题不是不能做，而是你做不了。

3. 要做一个"真问题"，而不是想象的问题

这个事很复杂，分三种情况。

第一种情况，申报者要解决的问题是一个假问题，或者说根本不值得研究的问题。比如我们专业曾经有一个选题是《韩日国际私法理论借鉴研究》，这个选题的研究意义就不是很大。熟悉我们学科的人都知道，国际私法理论研究比较丰富的两个区域，一个是欧洲，另一个是美国。除此之外其他国家，尤其是亚洲国家对这个学科的贡献度相对低，没有太多的借鉴价值。或者《中国台湾地区国际法理论研究》（纯虚构仅用来说明问题），由于我国台湾地区根本不是一个独立的国际法主体，没有太多研究价值，研究空间也很窄。这种选题多半是申报者虚构出来的选题，没有太多的学术空间和研究空间。

第二种情况，把要做的事情当成"问题"。这种情况发生得特别多，几乎每年各种国家社科基金的申报书中有 80% 都会犯这

---

① 这里说的成熟是指研究方法、研究范式比较成熟，而不是说学科历史有多长。

类错误，就是把自己要做的事情当成"问题"。比如，某份申报书题目为《反垄断国际规则国际一体化研究》，这个标题中的"一体化研究"是作者要做的事，但是你问他为什么要做这个事？做这个事情想解决什么问题？通常作者是答不上来的。我在审国家社科基金申报书的时候首先会问申报者："你要解决什么问题？"绝大多数申报者给我的回复都是他要做的是什么，而不是要解决的问题是什么。如果你追问几句，把申报者问着急了，申报者还会反问："难道我研究这个×××（如一体化）没有意义吗？"我笑着说："一项研究有没有意义取决于它解决了一个什么样的'问题'。"类似的题目还有《欧盟和美国管辖权制度比较研究》《中国×××制度的构建》，这些都是作者要做的事情，而不是我们上文所说的"问题"。

怎么理解这个事呢？我曾经写过一篇题为《不说毛病就开药是这几年我审国家社科遇到的通病》的帖子，在这篇帖子里我把作者的研究比作医生开药。如果你上医院，医生没告诉你得的是什么病，直接给你开了"×××药"，你敢吃吗？同样的，如果说上文中的"一体化研究"是药，那么它对应的"病"是什么？你总得在申报书中

不说毛病就开药是这几年我审国家社科遇到的通病

特别明确地指出这个药方要治疗的"疾病"是什么吧。如果你不指出这个"病"，那么评审专家也不会信任你这服"药"，甚至不知道你这服"药"要干什么。

还是从上文强调的国家社科基金设立的目的来看待我们的申报书为什么要把"病"指出来。最近几年，国家社科基金越来越体现出组织者的问题导向意识，也就是说国家资助你做项目，真的是为了解决国家现在面临的棘手问题。你如果不在申报书中把"问题"指出来，那么你的申报书如何体现"问题导向"呢？基

金又为什么要给你资助呢？资助那些有问题意识的研究不好吗？

　　在日常的指导和评审工作中，我看到很多申报书其实是很优秀的，内容也很翔实，但就是看不出要解决什么问题，有的只是申报者一厢情愿、执迷不悔、九头牛也拉不回来的"想要做的事情"。这是因为申报者将"药"和"病"混淆了，一份申报书不仅要开出漂亮的"药方"，还要让别人相信这服"药"是能"治病"的，不是主观臆断，不是大脑妄想出来的。

4.要做一个"专业问题"

　　这部分要解决的问题是，一旦申报者手中有了一个"问题"，要确保这个"问题"是一个你能解决的"专业问题"。也就是说，为什么这个问题非得你来解决，这也是国家社科基金资助的一个主要原因。国家社科基金的申报是分学科的，而我们每位申报者本身也是有自己的学科属性的。你选择了一个题目，确定了一个问题，你要保证这个问题是属于你所属学科的，也就是说这是你们学科的"专业问题"。否则的话，这个问题为什么要由你来解决？大家一定要搞清楚一件事情，国家社科基金的申报多数情况下是为了帮助国家解决一个"问题"，但是这个问题必须是你的能力范围之内的，而你的能力范围就是你的学科属性。比方说我是学法律的，是从事国际法研究的，那么我申报的国家社科基金的选题范围一定要体现我的国际法学科属性。如果你是学经济学的，从事的是宏观经济学制度研究，那你的选题也一定要体现出你的学科属性。

　　为什么要强调这个问题呢？我在日常评审国家社科基金申报书的过程中，经常看到很多申报书的题目并不体现学科的专属特征。比如《股权并购中知识产权流失的对策研究》，从这个题目可以看出研究者是有"问题意识"的，这个问题意识是知识产权流失，而且是在股权并购的框架下去研究它的对策。但是我们仔细去观察的话，这个问题没有学科属性，也就是说它不是一个专业的问题，或者是没有被申报者变成一个专业的问题。知识产权流失是一个普遍的社会现象，它可以从多个学科切入研究，比如经济学或法学。如果我们作为一个法学研究工作者，我们一定要让它体现出法学的学科属性，从而让评审专家相信你能做这项研究。法学申报者可以尝试将这样的一个题目改成《股权并购中被并购方知识产权权利的保护》，一看到权利保护，就使得这个题目具有了学科属性。经济学的申报者可以尝试将这个题目改成《股权并购中被并购方知识产权博弈的困境与出路》，这样就可以让人看出它是一个涉及经济学的选题。

现实中，很多申报者的选题不能让我们看出他们的专业以及专业特长是什么。我在去年帮一个同为法学专业的朋友审了一个关于社区矫正的申报书。通过交流，我发现申报者一直无法在社区矫正里找到一个专业的问题，有几次申报者看似抓住了一个"问题"，比如社区矫正工作现在开展得不好，信息不能共享、管理人员不够、资金不够……我问他："这个问题与法学有哪些关联？"他想了半天，没有想出来。很多时候，我们的申报者并不是能够完全地站稳自己的学科立场，甚至有很多申报者的学科思维也不是特别健全，所以他们总是从"综合思维"的角度去思考问题，他们能够看到问题，但是看到的问题其实不是一个学科领域的问题。

这个问题其实很难解决。申报者不能聚焦专业问题，是因为其缺乏学科思维（绝大多数情况下）。什么是学科思维？简单地说就是你的学科带给你的一个特定的思考问题的范式。对于法学人，他的学科给他带来的思考、解决问题的范式，恐怕就是权利、义务、规则、界限等；对于经济学人，他的学科给他带来的思考问题的范式，恐怕是成本、收益、效益、效用等。所以面临同一个抢劫行为，法学人就会研究这个行为发生的特定的场景，来判断这个行为的属性，进而确定其导致的危害性后果；经济学人会研究这个行为背后的成本和收益关系，把抢劫行为本身看成收益，把有期徒刑看成是行为的成本，只有有期徒刑足够长，也就是成本超过抢劫带来的收益，才能抑制住行为人抢劫的冲动。这就是两个学科的不同。

　　每个学科都有自己的学科边界和范式。以法学为例，不是什么问题都归法学管，法学也不是什么问题都能研究，一个问题的某个切入点可能是属于法学的，但是其他的切入点可能属于别的学科。比如一个研究国际税法的人，他申报的选题是《转移定价机制研究》，这就很难让人看到法学的影子，法学会研究法律关系的主体、客体、权利义务，但是这种实际操作哪些层面归法学，申报者还得三思，这可能是一个国际税收而不是国际税法要研究的问题。这里强调的是，选题一定要有学科属性，而且要让人看到你的学科属性。如果没有学科属性，国家社科基金的管理者也没有办法送审，毕竟现在国家社科基金都是同行评议，你这个选题如果没有办法让人看出专业，没有办法让人看出学科属性，也就没有办法锁定同行。

　　通过《转移定价机制研究》这样的一个题目，相信读者可能看到了另外一个问题，就是跨学科研究的问题。最近几年也看到几份申报书，涉及学科交叉。

五谈国家社科基金申报书的题目

　　有一份申报书是法学与经济学交叉，题目是《经济学视野下×××法律问题研究》，这属于跨一级学科。我问了一下申报者的研究经历，他本科学经济学，硕士、博士研究生期间学法学，目前留在某法学院从事法经济学研究。我问他偏向哪个学科？他说自己也不清楚，但是自己的研究确实要用到图表，要用到建模分析……

在看了申报书之后，我有一个感受，这些东西法学人审不了。因为法学人不懂数学，不懂经济学（法学人几乎没有办法驾驭经济学，更别提将其作为研究方向，有些人略懂，绝大部分人根本不懂）。我个人也是经济学专业毕业。法经济学做得最好的是美国，基本都是经济学背景的人在做，这也跟美国本身的法学培养模式有关。于是我问他平时身在哪个学术圈，经常和做什么研究的人交流。

为什么要问这些问题？学科背景单纯的人需要清楚自己身处哪个学术圈。比如我是搞国际法的，我就在中国国际法学会，甚至只在中国国际私法学会出现就行，在大会上经常发言，让大家知道你从哪来，研究的是什么。你申请的项目书基本上也是这个领域的专家们在审。而上文那位从事法经济学的申报者，他并不清楚自己是身处经济学圈还是法学圈。

搞跨学科的人通常会迷失自己的"圈子"，比如他不知道自己是在法学的圈子还是经济学的圈子，同时在两个圈子混得风生水起的人，那是神仙，不是普通人。此外，由于研究交叉学科的人少，这两个圈子里懂得你研究内容的人就少，能跟你进行学术互动的人也少。你研究的这个领域这么特殊，研究的人这么少，很难找到能直接读懂你申报书的人。也就是大家不太懂你的研究领域，不太能够驾驭你的申报书。即便能找到审你申报书的人，估计也不太熟悉你这个领域。跨学科申报其实是对评审专家的能力、学科视野、学术背景的考验。

还有一种情况也属于跨学科研究，是在一级学科内部跨二级或三级学科。在法学领域研究反垄断法的国际法协调，是在一级学科（法学）里跨二级学科（经济法和国际法）；国际法视野下的环境公益诉讼研究，是在一级学科（法学）里跨二级学科（环境法和国际法）。申报者需要让评审专家明白该研究是偏经济法

（或环境法）还是偏国际法，偏向哪个就要在关键词中凸显哪个，否则一项国际法的研究被送给研究经济法（或环境法）的人评审，一项经济法（或环境法）的研究被送给研究国际法的人评审，怎么都感觉不那么乐观。

总之，申报者如果非要从事跨学科研究的话，不管是跨一级学科还是跨二级学科，都要明确自己问题的学科属性，这不仅会决定你后续分析问题的路径，还决定着最终谁来审（通讯评审）你的申报书。这里面有一个值得提示的小技巧：申报书的关键词能够帮助项目的组织者识别项目的学科属性，进而将项目送到相应的评审专家手中。跨学科申报的研究者，可以通过合理安排自己的关键词，进而将自己的申报书送到最熟悉自己研究领域的专家手中。后续我们还会详细介绍关键词的填写，这里主要是帮助大家明确我们确定的问题需要是一个有专业烙印的问题。这个专业烙印不仅能够表明你的学科属性，证明你有从事这项研究的能力，更为重要的是为后续的同行评议打下基础。

本书在这个部分主要谈了"问题"，这是一份申报书最为重要的一个要素，我曾经写过一篇帖子《对于一份国家社科基金的申报书，什么是最重要的？》，目的是强调问题意识的重要性。问题意识是一个研究工作的前提，有了它，其他内容才有了意义；没有它，其他内容都没有意义。问题意识是"锦"，其他内容是"花"。没有锦，"花"再多、再漂亮也无处安放，甚至"花"也无从产生。我们

对于一份国家社科基金的申报书，什么是最重要的？

在后续解读国家社科基金申报书各个部分的构成和内部关联的时候，会详细讲解问题意识。

需要指出的另外一个问题是，问题意识的形成并不容易，这部分也不是我们这种普通的、从事国家社科基金辅导人员能帮助

你解决的，因为它涉及专业判断。比如我是从事国际法研究的，对于涉及国际法研究的选题，我能够判断出这个选题是不是真的具有问题意识，对于涉及其他的学科和领域的问题，我无法判断这个问题是不是真问题，具不具有专业加持，以及是否专业，这需要你的专业领域的人帮你判断。关于问题意识的形成，我们也会在后续国家社科基金申报准备工作中详细介绍。总之，"问题"真的是最为重要的，如果没有问题，就不会有什么项目，勉强填写完申报书也不会有一个好结果（有清晰明确的问题意识是一个基本保障），而问题意识的形成是专业积累的结果，这个问题其实依靠申报辅导是没有办法解决的。如果你的专业积累不到位，谁也不能给你一个"问题"；但是如果你的专业积累是足够的，只不过你对问题意识的把握还不到位，通过有经验的辅导人员的辅导就能使你的问题意识清晰起来。这一点，大家需要明确，有

些工作需要自己做，可以阅读《国家社科基金申报书撰写的三要素：我只能帮你解决两个！》。申报者要杜绝自己的依赖思想，不从自己的专业积累下手，而是单纯地依赖后期有辅导人员帮忙辅导来获得一个令自己满意的结果，这个是不现实的。因此，本书不同于其他国家社科基金申报指导书籍，还会在后文强调通过专业文献阅读和思考来获得问题。

社科基金申报书撰写的三要素：我只能帮你解决两个！

1.2.2 分析问题的能力

要想知道什么是分析问题的能力，你得知道什么是"分析"。"分"是指拆分，"析"是指考察，分析就是拆分并考察，这是一项非常复杂且专业的思维活动。

1. 分析是一项高阶的脑力活动

首先，分析能力是一项非常高阶的能力。如图 1-2 所示，根据布鲁姆的认知分类理论，分析能力处于人类认知能力的第四层，属于高级认知能力。

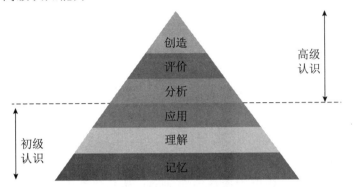

图 1-2　布鲁姆认知分类金字塔

布鲁姆教授将大脑的认知能力分为六个层次：记忆、理解、应用、分析、评价、创造。（1）记忆是指具体知识或抽象知识的辨认和识记，这是一种最基本的学习方式，也是教育目标在认知领域中的最低层次的要求。（2）理解是指对事物或者知识的领会，这里的领会是指初步的、肤浅的领会，受教育者只要能用自己的语言复述、解释、描述、比较即可。（3）应用指的是将自己所学习到的知识包括概念、原理等应用到具体问题的解决当中。这里所指的应用是简单的、初步的直接应用，而不是通过分析、评价等的综合性的运用，如已知三角形两个角的度数，求第三个角的度数。（4）分析是指按照一定的（理性的）标准将材料分解成不同的部分，从而呈现其内部组织结构，既可以详细地说明其内部结构，也可以看出其内部结构是否缺失。（5）评价是指在分析基础之上判断已经被分解的各个要素是否符合一定的标准，从而作出一定的判断。应当指出的是这种判断是基于理性的判断，而非基于直观感受。（6）创造是指在分析、评价的基础上，有可能会产生新的知识，或者新的方法，抑或是发现事物之间新的联系。我们的教育长期集中在记忆和理解层面，记忆和理解是针对知识而言的，一旦上升到应用层面，就涉及将知识运用到问题的解决中，就涉及思维了。分析是一种思维形式，从定义可以看出，它是指按照一定的，而且是理性的标准将手中的事物、材料分解成不同的部分，从而不仅能够看出这一事物的内部组织结构，而且也方便看出其内部组织结构是否缺失，是否符合要求。分析能力与评价能力经常结合在一起，一旦我们将事物的内部组织结构呈现出来，就很容易看到它的内部结构是什么状况。好不好？是完整的还是缺失的？是满足要求的，还是不满足要求的？这些都是评价能力所指向的活动。本章虽然着重介绍分析，但是分析和评价是分不开的，你也可以认为此处所说的分析是包含评价的，因为我们将要素进行拆分之后还要进行逐一的考察，这个考察过程就是评价，而且考察是要给结论的。

其次，我们现在用一个例子，来具体说一下什么是分析。我是法学出身，我最愿意用案件举例子。如果我们现在面临一个"问题"——张三是否构成故意杀人罪。[①] 学法律的人或者律师通常是从犯罪构成的"四要件"来进行分析。如表 1-1 所示，根据《中

---

① 张三是否构成故意杀人罪这个"问题"比较简单，严格意义上不是国家社科基金申报中的"问题"，因为这个问题的解决是有既定路径的，即按照法律规定，分门别类地找到四个要件对应的证据，再完整论证就可以了。根据布鲁姆的认知金字塔，这个问题考察的其实仅仅是"应用"层面。国家社科基金的问题要具有理论上的难度，是现在理论和实践都没有解决路径，需要通过你的研究进行探索的"问题"，这也回应了"问题"是一个"problem"而不是"question"。我们在这里使用这个简单的"question"，只是出于叙述的方便，向大家展示什么是分析，请大家将注意力集中在对这个问题的分析思路上，而不要过多地研究这个案例本身，因为张三是否构成故意杀人罪不是一个国家社科基金项目要研究的"problem"。

华人民共和国刑法》（以下简称《刑法》），故意杀人罪有四个
构成要件。

表 1-1　故意杀人罪的构成要件

构 成 要 件	具 体 标 准
主体要件	故意杀人罪的主体是一般主体，即我国《刑法分则》规定的达到法定刑事责任年龄、具备刑事责任能力的一般身份的犯罪主体。同时，《刑法》第十七条第二款规定，已满十四周岁不满十六周岁的人，犯故意杀人罪的，应当负刑事责任。因此故意杀人罪的行为主体包括已满十四周岁的未成年人
主观要件	故意杀人罪在主观上须有非法剥夺他人生命的故意，包括直接故意和间接故意。即明知自己的行为会发生他人死亡的危害后果，并且希望或者放任这种结果的发生
客观要件	实施了剥夺他人生命的行为，行为人的危害行为与被害人死亡的结果之间必须具有因果关系
客体要件	故意杀人罪侵犯的客体是他人的生命权。法律上的生命是指能够独立呼吸并能进行新陈代谢的、活的有机体，是人赖以存在的前提

假设，案件中的张三出生于 1998 年 3 月 1 日，与同村的李
四是邻居，两人长期因为自家耕地的边界发生纠纷。2021 年 3 月，
张三认为李四再次侵占了自家的耕地，于是与李四发生口角，在
激愤中抄起放在田间的镐头，朝李四头部砸了过去。李四头部顿
时鲜血直流，当场毙命。请问，张三是否构成故意杀人罪？怎么
呈现具体的分析过程？

表 1-2 就呈现出张三构成故意杀人罪的完整的分析过程，我
们首先根据《刑法》中的犯罪学四要件，将故意杀人罪分解成四
个方面：主体、主观方面、客观方面和客体。其次，我们将张三
的现实情况与四个要件的要求一一对应。这就是一个分析问题的

过程——拆分并考察。在我们所举的例子当中，张三是符合故意杀人罪的全部要件的。但如果张三是出生于 2012 年 10 月的一个孩子，那么，主体条件就不符合，张三就不构成故意杀人罪。

表 1-2　故意杀人罪的分析过程

构 成 要 件	张三具体情况(证据)	结　　　论	最终结论
主体要件：达到刑事责任年龄，具备刑事责任能力	张三身份证表明其出生于 1998 年 3 月 1 日	1. 年满 14 周岁 2. 张三符合故意杀人罪主体要件	张三构成故意杀人罪
主观要件：直接故意是指明知自己的行为会发生他人死亡的危害后果，并且希望这种结果的发生	1. 使用镐头作为工具 2. 向李四头部猛砸过去	1. 作为农民出身的张三明知镐头砸头会有生命危险，追求这种危险结果的发生 2. 张三主观上具有直接故意	
客观要件：实施了剥夺他人生命的行为，行为人的危害行为与被害人死亡的结果之间必须具有因果关系	1. 张三向李四头部实施了打砸的行为 2. 李四当场死亡及尸检报告 3. 镐头上有李四的血迹	张三实施了杀害李四的行为	
客体要件：故意杀人罪侵犯的客体是他人的生命权	1. 李四的尸检报告 2. 现场勘察报告	1. 李四已经死亡 2. 李四的生命权被侵害	

2. 分析必须依据理论进行拆分，依据标准进行考察

我们知道，分析可以被理解成拆分和考察，也就是将一个整体的事物拆分成不同的组成部分，并对每个组成部分进行细致考察。我们对事物不能随意拆分，要依据一定的理论和标准，按照事物自身的机理进行拆分。我们对拆分之后的各个部分的考察也是有标准的，而不是按照主观的想象来随意衡量。

我们仍然以上文的张三构成故意杀人罪的例子向大家解释拆分和考察的依据。要想分析张三是否构成故意杀人罪，必须依据现行刑法的规定，也就是犯罪学的四个构成要件。我们必须按照这四个要件对张三是否构成故意杀人罪这个问题进行"拆分"，而不是按照什么其他的标准，我们用这个例子来说明拆分必须要有依据。再来看考察，具体说来，故意杀人罪有 4 个构成要件。其中之一是主体要件，法律规定构成故意杀人罪的主体，必须是年满 14 周岁的个人①，但如果现实中，张三是出生于 2012 年 10 月的一名未成年人，年龄不满 14 周岁，甚至也不满新修订的刑法修正案当中的 12 周岁的特殊情节，那么，这个条件就不符合。也就是说，虽然我们对张三是否构成故意杀人罪依据理论进行了拆分，但是其中一条张三是不符合的，这就直接影响了这个行为的性质，张三是不构成故意杀人罪的，尽管他实施了相关的行为，其他的要件是符合的。这就是考察，考察也是有标准的，此处具体的标准就是法律的规定，也就是年满 14 周岁，不满足这个标准，这个被拆分出来的"要件"在考察这个环节就没有通过。这个例子充分说明，我们对一个事物要进行分析，首先要保证我们的拆分行为是依据理论进行的，其次要保证我们的考察行为也是依据一定的标准进行的。这说明分析行为是一种客观存在，它必须依据一定的理论，而不是人的主观想象，或者什么其他的依据。此外，古装电视剧中经常出现的刑场中"刀下留人"的情节，在现代社会是不可能出现的。一旦法律确认的犯罪行为，只能通过另外一

① 刑法修正案最近将这个年龄调整到 12 周岁，但是有两个相关限制：一是情节恶劣，二是经最高人民检察院核准追诉。

个极具有说服力的法律过程才能推翻，比如，出现了法律认可的新证据，并由这个新证据引发了新一轮的分析过程，证明了张三无罪。比如律师证明张三的出生年月是错的，并提供了新的、可靠的证据证明张三是不满12周岁的，这时候才有可能使张三脱罪。自始至终，这个例子都向我们展示了什么是分析，分析的理论性和客观性。

这时候读者可能会产生一个疑问，我们的分析为什么非得具有理论性呢？相信有很多申报者在请别人帮忙看自己的申报书的时候也会收到类似的评论——申报书缺乏理论性。在这个部分，还要给大家解释一下为什么分析要具有理论性，理论性对于国家社科基金的申报到底意味着什么。

首先，申报者必须要明白的一件事儿是，我们所做的申报工作其实是一项学术研究工作，学术研究工作的一个重要的特征就是要具有理论性。有两篇文章，标题分别为《严惩体育腐败净化经济环境》和《体育腐败问题治理的经验、局限与启示》。很明显后篇是学术研究工作成果，因为从标题可以看出它具有理论分析。申报者一定要谨记自己是一个从事理论研究的工作人员，无论我们写的是理论研究性文章，还是课题申报书，都是要有理论分析的。就是因为我们长期跟理论打交道，我们所从事的工作也被称为学术工作，这也是把我们的工作和其他部门的工作区分开来的标志之一。

其次，分析问题是为了解决问题，而问题不能在其产生的层面被解决，需要来到问题的原理层面去解决。爱因斯坦说，问题不能在其被提出的层面上被解决！问题只是一个表象，它背后有产生的根源，你得在根源这个层面上解决问题，这就涉及了产生问题的原理层面，你得进行理论分析。比方说，你和你妈妈因为穿秋裤这个事情发生了争执，你妈妈认为你应该在天气转冷时穿秋裤，你说你不觉得冷，不穿并执意要露出脚脖子。你俩因为这个事情闹红了脸。你不觉得冷，其前提和根源是什么？是你有一个假设——我能感知是否寒冷（见图 1-3）。这就是哲学中典型的我自己和我的物质体之间的关系。但是我们自己能完全地感知我们的物质体吗？并不能。举个例子，你感冒过吗？你受寒感冒就是因为你的身体冷，但是你的意识不觉得冷。结论是你的意识（你自己）并不能完全感知你的物质体。因此，天气转冷时就应该穿秋裤。

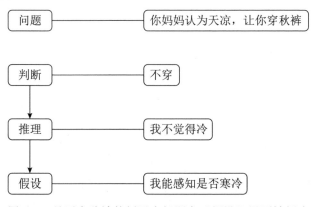

图 1-3　是否穿秋裤的例子中问题在"假设"层面被解决

再重申一下，你和你妈妈在穿秋裤这个问题上的争执在穿不穿这个层面上解决不了，因为你们谁也说服不了谁。要解决这个问题，必须来到根源层面，而这个根源就在于你的潜意识认为，我不觉得冷就是我的身体不冷。但实际上是你的意识经常感知不到你的物质体，感冒这回事就能很好地说明这个东西。于是在理论层面上分析完了之后，我们回到现实中的问题层面，你不觉得冷，但是你的身体会冷，请你老老实实穿上秋裤。这就是问题不能在其产生的层面上被解决。学术问题也是这个道理，它必须上升到它的原理层面上被分析，进而才能被解决。

再举个例子，我的汽车突然打不着火了，这是个问题，但是这个问题怎么解决，你不能仅仅停留在打不着火了这个层面上。你现在应该思考的一个问题是，在汽车构造的原理当中，什么东西能导致汽车打不着火？是电瓶？是火花塞？是油路？抑或是其他什么方面的原因。这个时候你完成的是把这个问题上升成为一个原理层面上的问题。接下来，如果是油路的问题，那请按照油路的原理去把这个问题解决掉。看到没，如果你仅停留在打不着火，你解决不了问题。即便你有一个擅于修车的好朋友，你跟他说我的车打不着火了，他其实也并不能在看不见车，没有进行诊断和分析的情况下，去帮你把这个问题解决掉。同样的，你打电话给医生说我头疼，医生在看不到你，进行不了其他方面的辅助诊察的时候，没有办法判断是什么样的疾病引发的，因此不知道应该怎样去治疗。看到这儿你是不是应该明白了，发现问题和分析问题，并不是在同一个层面上，分析问题是一定要上升到问题产生的原理层面上的。同理，写申报书也是一样，你发现了一个问题，这个问题需要上升到原理层面上去分析和观察，并且在原理层面上定性之后才能找到解决问题的路径。只有在原理上经过审慎分析而提出的解决方案才具有可信度。

最后，能不能进行理论分析是专业人士和非专业人士，理性的人和非理性人之间的巨大差别。我们依然回到国家社科基金申报的角度来考察国家社科基金申报的理论性要求。上文提过，国家社科基金的申报工作，其实是国家需要用各位申报者的学科专业知识和专业思维来帮助国家和相关部门解决具体的问题。也就是说，这份工作之所以最后会落到你的头上，是因为你具备相关的专业理论知识和解决问题的专业思维。也就是说你的专业素养让基金的管理部门相信你能够很专业地分析这个问题，并提供给相关部门一些非常具有参考价值的解决建议。如果你本身没有任何专业性，你的专业知识功底不扎实，你自然不能够在分析问题的部分呈现出你的专业素养。有经验的评审专家很容易就能从分析问题的部分看出申报者是否具有专业的、扎实的基本功，因此分析问题部分十分关键。如何在分析问题部分展现出专业性，是值得你深刻思考的。

理论性不光能在基金申报的时候彰显你的专业性，在日常生活当中也会给人带来不一样的影响。我们经常会说有些人是非常感性的，有些人是非常理性的。感性的人，通常我们都不会对他们有过多的专业上的信赖，而我们对理性的人通常会产生较多的信任感。这是因为感性的人多半是以主观的感受、喜爱、倾向、好恶为依据来分析和判断事物的，而理性的人通常是依据客观的理论与实际来分析和判断事物的。因此，能不能够依据客观的原理对问题进行分析，不仅会影响到基金申报的成败，还会对我们的日常个人的性格、气质造成影响。

分析问题的部分是考察一个人理论基础是否扎实的最好的环节，这说明基金要求申报者既具有非常完备的相关学科的理论知识，也能够用相关的理论知识解决实际的问题。现实中，很多申报书在分析问题的环节做得并不理想，这表现在申报者将随意给出的几条理由作为对问题的分析。通过上文的阐述，你应该知道，分析问题必须要依据一定的理论，这个理论是客观的。仅依据自己的主观想象，给出了几条所谓的理由，这样的分析是站不住脚的。分析问题的过程其实是一个"通过论证使别人相信的过程"。通过上文张三构成故意杀人罪的例子，我们不仅能够看到一个分析的过程，即按照四要件对问题进行拆分并逐一考察，我们还能看到现实生活当中的论据和它们的前提（也就是四要件）环环相扣、相互印证的论证过程。在填写申报书的过程中，申报者要时刻问自己几个问题：我的依据是客观的吗？我的依据是我所在学科的理论吗？我有没有呈现完整的论证过程？记住，基金申报是专业人士从事的工作，如果你不具备专业性，或者不能呈现出自己的专业性，你注定是要失败的。

3. 拆分必须具有逻辑性，条件能推出结论

本质上，分析问题就是将一个复杂的事物进行拆解，分成几个小的任务模块来进行处理。上文已经提及，拆分是要依据理论进行的，而不能依靠申报者的主观想象，这部分考察申报者的理论基础是否扎实。本部分将继续解读分析能力的另外一个要求，就是拆分要具有逻辑性，这也是上文所讲的理论性的一个延伸。

通常，按照理论将一个问题进行拆分之后，会得到若干条件或要件，正如上文所举的张三是否构成故意杀人罪的例子，当我们将这一问题按照犯罪学的理论进行拆分的时候，我们就得到了犯罪学的四个构成要件，也就是构成故意杀人罪要满足的主体要件、主观方面要件、客观方面要件和客体要件。这四个构成要件与张三构成故意杀人罪之间形成了一个逻辑推理关系。我们以此来说明，申报者在申报国家社科基金项目的时候，要注意观察分析问题的几个要件或部分与自己得出来的结论之间构成的是什么样的逻辑关系。这个部分决定着申报者的申报书论证是否充分，很多申报者在请别人帮忙审阅申报书的过程中，会收到类似"论证不够深入，论证不够充分"这样的评语，本部分主要解决的就是这个问题。

我们还以张三是否构成故意杀人罪这个例子，来向大家解释在分析问题过程当中需要具备的逻辑能力，也就是论证的能力。在表1-3里，我们观察四个构成要件和张三构成故意杀人罪之间的关系。

表 1-3 故意杀人罪的论证结构

问 题	构成要件（大前提）	张三具体情况（小前提）
张三是否构成故意杀人罪？	主体要件：达到刑事责任年龄，具备刑事责任能力	张三身份证表明其出生于 1998 年 3 月 1 日
	主观要件：直接故意是指明知自己的行为会发生他人死亡的危害后果，并且希望这种结果的发生	1. 使用镐头作为工具 2. 向李四头部猛砸过去
	客观要件：实施了剥夺他人生命的行为，行为人的危害行为与被害人死亡的结果之间必须具有因果关系	1. 张三向李四头部实施了打砸的行为 2. 李四当场死亡及尸检报告 3. 镐头上有李四的血迹
	客体要件：故意杀人罪侵犯的客体是他人的生命权	1. 李四的尸检报告 2. 现场勘察报告

通常意义上，在一个论证当中，被拆分出来的要件（你也可以把它称为条件）与待证明的问题之间会构成四种关系：充分条件、必要条件、充分必要条件、既不充分也不必要条件。我们之所以要考察条件和待证明问题之间的关系，是因为条件的状态会决定结论的状态。也就是在充分条件、必要条件、充分必要条件之下得出的结论可信度是不同的，至于既不充分也不必要的条件根本就不用考虑了，这种条件下得出的结论基本就是无稽之谈。

我们仍用张三构成故意杀人罪这个例子来分析充分条件和必要条件：

充分条件与必要条件

张三构成故意杀人罪：

1. 张三年满 14 周岁，精神上没有障碍；

2. 张三实施了杀人行为；

3. 张三主观上是故意的；

4. 张三侵害了他人的生命权。

这四个前提中的每一个对于证明张三构成故意杀人罪都是必要的，但都是不充分的。只有这四个前提放在一起才是证明张三构成故意杀人罪的必要且充分条件。申报者在论证的时候，一定要评估自己的前提与结论之间的关系，是充分条件，必要条件，还是充分必要条件。在一个可靠的演绎论证中，前提一定是结论的充分必要条件。

在我们填写申报书的过程中，我们所使用的条件和我们所得出的结论之间构成的是什么样的逻辑关系和论证强度，申报者对此要有清晰的认识。这里并不是说所有论证的强度都要达到上文张三那个案件中必要且充分的条件那样，进而导致结论非常可靠的状态。我们对某些问题的分析，可能只能停留在充分条件的解读上；我们对某些问题的分析，也可能只能停留在必要条件的解读上。这是由问题及其所在的领域、学科的特征决定的，只不过申报者要非常清晰的条件和结论之间的关系，用以明确我们所进行的论证是一个严密的论证，还是一个基本可以接受的论证，还是一个完全不可以接受的论证。在申报书的填写过程中，我们要留意观察前提（条件）和结论之间的关系：不能在我们所使用的是一个充分条件的时候坚持该条件对于结论的必要性；也不能在我们所使用的是一个必要条件的时候，坚称该条件对于结论的充分性；更不能在条件既不充分又不必要的时候，坚称我们的结论是绝对可靠的。对于这一点，申报者要有非常清晰的认识。国家社科基金着重考察申报者对于其所发现问题的分析能力和解决能力，而解决问题的能力来源于分析问题的能力，分析问题的能力则体现在理论性和逻辑性上。如果你的分析不能体现出理论性以及相应的逻辑性，你就无法说服评审专家认同你的申报书，你也就无法获得基金的资助。

我们在本部分强调的逻辑性，其实是论证的一部分。论证是非常复杂的，尽管我们将它简单地区分为演绎论证、归纳论证和类比论证，但是在实际中它还会分出更多的形式。但不管怎样说，申报者需要具备一定的逻辑推理能力和逻辑感知力。本部分只是蜻蜓点水般地提及了一些论证的基本知识，如果申报者感觉到论证是自己的短板，建议找相关的专业书籍进行学习，如阅读本人撰写的《批判性思维与写作》，其中对论证有较为通俗易懂的介绍。

1.2.3　得出结论的能力

我们提出一个问题并对这个问题进行分析，目的是解决问题，而解决问题的一个标志是我们能就这个问题的结论发表看法，也就是非常珍贵的观点。有的时候我们对结论的理解可能过于狭隘，我们简单地将结论理解为我们对问题的一个总体的看法，其实在一个复杂问题的分析过程和解决过程当中，我们会随时随地地发表我们的观点，只不过这些观点都指向一个终极性的结论，那就是我们对我们所发现的问题在整体的解决上的判断和看法。申报者首先要明白的是，结论不仅指我们对问题的总体看法，它还包括我们在过程当中对某些细节、某些条件、某些要件形成的分论点、小观点等。因此，本部分强调的申报者要具备的得出结论的能力，其实是一个观点体系，这个观点体系内部也是秩序井然、富有逻辑的，最终指向一个对于问题解决的总体的结论。

在这里需要指出逻辑学学习的一个痛点，申报者在自学关于逻辑和论证方面的知识的时候也会深有感触。论证不仅在概念层面上有多种不同的表达和诠释方法，论证的组成要素也有不同的表述方式，它们的含义有时不同，但也可以在某些特定情况下表示相同的含义，这也是论证让初学者感到非常难懂的原因之一。

使用的术语过多，重叠、交叉的现象比较严重，初学者往往迷失在不同的术语和表达之间。

常见的几种关于论证要素的术语组合有**大前提、小前提、结论，论据、结论和推理，论点、论据和论证，前提、结论和推理，理由、结论和推论**……我们先说大前提、小前提、结论这一组，我们通常用这组术语来描述演绎推理的一种形式——三段论。演绎推理是一种非常严格的推理形式，它试图从一般情况推出一个具体情况的成立，因此在这种推理中，一般情况就是大前提，具体事实是小前提，结论为小前提和大前提吻合的一种表现。例如：

大前提：人都是会死的。

小前提：亚里士多德是人。

结论：亚里士多德是会死的。

由于本书接下来还会详细论述演绎推理的情形，在这里不会过多描述，只是希望用这个例子说明，三段论是一种演绎推理的简单判断：一个一般性的原则（大前提），一个附属于前面大前提的特殊化陈述（小前提），以及由此引申出的特殊化的、符合一般性原则的结论。

前提、结论和推理，论点、论据和论证，理由、结论和推论这几组术语差距不大，只是同一事物的不同表达。首先这几组术语中论证都被认为包含三个部分，这三个部分中论点、结论是同一概念，指的是对某一事物的核心看法，但是它们之间是有细微差别的，论点是一个比较有针对性的、小的概念，结论给人的感觉是比较概括的、总的概念，针对的是比较整体的事物。如果我们面对的是一个很复杂的问题，我们通常会用结论来表达我们总的观点和看法，如果我们遇到的是一个很简单的或者一个复杂问题的一个细节，我们可能会用论点来表达我们对这个细节或者分支的看法。前提、论据、理由（甚至是上文所提及的条件）是同一概念，指的是支持自己对某一事物核心看法的证据；推论、论证、推理是（或被等同于）同一概念，指的是由证据证明或推出观点的过程。

在明确了上文这些纷繁复杂的概念之后，我们基本上能够厘清以下几个方面的内容：

1）结论其实就是观点，它有多种表达，放在不同位置也会有不同的表达，但本质上都是对事物的判断。

2）结论其实是一个观点体系，它内部包含很多观点，这些观点层次分明、层层递进。

3）结论是一个"断言"，即包含判断的句子，不是普通的、模棱两可的、看不到作者观点的、描述的句子，这是申报者经常出现的问题，之后会详细介绍。

还以张三构成故意杀人罪的例子来说明结论其实是一个观点体系，同时也提醒申报者，你需要随时随地对某个环节、细节、部分形成结论——也就是你的观点和看法。

通过前文表 1-2，我们能够清晰地观察到我们对故意杀人罪的四个构成要件都形成了相应的分论点，这些分论点进而形成了我们对张三是否构成故意杀人罪的最终结论。

虽然本书用了一个非常简单的法学案例来向大家解释相应的重点和环节，但是实际上申报者在解决自己所属学科的问题时遵循的思路是相同的。本书写到这里，已经将国家社科基金要考察申报者的专业能力分析完毕，它们是提出问题能力、分析问题能力和解决问题能力（或得出结论能力）。从这三方面能力可以看出，国家社科基金的申报书其实是议论文文体（议论文的三要素：论点、论据和论证），它跟写论文的底层思路是一样的。但是论点、论据和论证不会单独存在和发生，它必须附着在"问题的提出、分析和解决"的场景里。我们之所以在这里花这么大的篇幅去介绍"问题"（提出、分析和解决）和论证（论点、论据和论证），是因为很多申报者没有弄清楚国家社科基金申报书的基本文体，没有按照议论文的思路展开，而是选择了我们中国人最为熟悉的说明文文体。[①] 说到这里，请大家再回头翻看知识体系和知识图谱的那张图（图 1-1），你是不是就对本章所说的内容有了更加深刻的理解和洞察了呢？

　　在实际审阅申报书的过程中，我经常发现很多申报者的研究内容其实是非常好的，但是他们申报的思路是不对的，他们用说明文的方式将自己研究的内容按照内涵、特征、意义等一一罗列出来。我把这种写法称为"耍大牌"写法，意思是说，不以评委和国家社科基金的申报要求为中心，就单纯地把自己的东西放在那儿，让评委看着办。我可以很负责任地说，评委一般不会通过这类申报。评委不想看到"它是什么"，而是想看到"为什么是它""为什么是这样"。要想达到评委的要求，申报者就必须将自己的"是什么"结合问题向评委展现出（论证出）"为什么是这样"。申报者只要调整一下思路，整合一下自己的申报书及材料，可能就会有不错的呈现和结果。

1.3　对本人研究的整体评估能力

　　我们在上文用较长的篇幅说明了国家社科基金要考察申报者的第一项能力——用专业知识解决问题的能力。本部分我们讨论

---

① 为什么中国人最熟悉的是说明文文体呢？原因是我们的教科书就使用说明文文体，我们接受教育的时候，老师最常用的也是说明文的讲授方式，总是向我们介绍概念、名词、术语，极少围绕问题的提出、分析和解决展开。我们也缺乏将我们所学到的知识融入问题解决的相关训练。

国家社科基金考察申报者的第二项能力——对本人研究的整体评估能力，即申报者不仅要具备用专业知识解决问题的能力（专业能力），同时申报者还要具备站在客观的角度对自己从事的研究予以一定评估的能力，这项能力还可以分成几个方面，接下来会详细讲解。申报者为什么要具备对自己研究的整体评估能力？原因就是，国家社科基金的申报本质上是申报者（研究者）和基金之间的互动，申报者必须要考虑自己所从事的研究是否符合基金的要求。

上文提到，基金的申报其实是想通过资助研究者来解决一个现实的问题。国家社科基金要解决一个全局性的问题，省部级社科类基金要解决一个区域性的问题，厅级以下的社科类基金则要解决更为具体的问题。因此无论申报者申报的是什么样的社科类项目，都要使自己的研究与项目管理方的要求对应上，这就涉及申报者对自己整体研究工作的评价能力。有的申报者是高校的教师，长期生活在与社会相对隔离、脱节的纯粹理论环境中，或者被人们描述为"象牙塔"的地方。他们[1]的研究有的时候完全是自发的，出于个人的兴趣或者是感觉。他们做研究时沉浸在自己的研究思路和方法当中，对于如何将自己的研究与外在的需求结合起来不太感兴趣，也不太敏感。如果是这样的状态，单纯做一个老师是没有问题的，还可以继续在高校生存下去（但其实也越来越艰难），但如果是想获得基金的资助，就必须要把自己的研究与相关的基金需求联系起来，实现同频共振。其实现在的基金资助的范围是很广泛的，甚至连冷门绝学都有专门的国家项目。我们从事社科研究的老师多数情况下不知道怎样将自己的理论研究与实际相结合。这些研究并不是不能与基金的要求结合，只是

---

[1]　只是一部分老师，不是所有的老师都这样，但是不可否认这样的现象是存在的。

研究者缺乏相应的意识和方法。经常有教师说："我研究的是基础学科和基础理论，它是无法跟现实结合的。"这个命题本身就有问题，且不说国家社科基金还分为理论研究和应用研究，即便是纯理论问题，只要你能够将解决这个理论问题的重要性描述清楚，也是会获得资助的。所谓的社会需求或者基金对于问题的要求不都是实践问题，也有理论问题。重大的科技进步、社会进展其实都是理论进步推动的。即便是基础的理论也是能够跟现实生活结合在一起的。比方说那么抽象的数学理论——曲率，它在现实生活当中，在我们设计桥梁和建筑物的时候都能够用到。比如现在在做核酸检测的时候，如果是大规模的集中核酸检测，你会发现检测人员使用的方式是"十人混检"，也就是说将十个人的取样结果放在一个检测的试剂盒中进行检测，如果出现问题，检测结果为阳性，就围绕这十个人再展开第二轮检测，而不用一人一检，达到最佳的经济效果，这背后也是数学原理。多数情况下，申报者强调自己研究的是基础学科，无法与社会的实际需求相联系，其实是没有能力找到自己研究的那个有意义的"问题点"。在这里，无论申报者从事的是纯理论研究还是应用型研究，都需要将自己的研究与"基金的需求"结合在一起，否则没法凸显研究的意义，也就没法获得资助。具体来说，申报者对自己研究的整体评估能力可以细分为以下几个方面。

1.3.1　对本人的研究在整体学术研究中位置的评估

一个成熟的研究者是有稳定的研究方向的。放眼全国，研究某一方向或者身处该研究方向所在学科的不只是一个人，而是一群人，我们通常把这群人所形成的团体叫作同行学术圈。这个同行学术圈很重要，原因是很多学术活动需要同行评议，特别是小同行评议，这些评议人就产生于这个圈子。这个圈子里的人几乎都跟你同属一个学科，小同行学术圈里的所有人都跟你同属一个研究方向。作为某一个研究方向的研究人员，你必须知道你这个小同行学术圈里的其他人的研究状况，小同行学术圈整体的研究状态，你的研究在这个小同行学术圈整体研究中的位置。原因如下。

1）避免重复研究及进而导致的没有创新性。先讲一个笑话，从前有一个人在下雨天的时候突然想到，如果我用一个架子把一块布撑起来，把它举过头顶，就可以避免淋雨了。这个人越想越高兴，于是就拿着这个想法到专利局去申请专利。他跟专利局的工作人员讲了半天，最后工作人员从旁边的桌子底下拿出了一把伞，问他："你是想申请这个东西吗？"这虽然是一个笑话，但是对于研究者来说却极具启示意义。它向我们说明，一个人必须清楚自己从事的研究和想法在整个相关的学术脉络中的位置。如果你并不清楚相关领域的学术研究状态，没有整体的观念和认识，你就不会知道自己所从事的研究是否过时、是否符合科学研究的创新性要求。这几年我在审阅申报书的过程中，发现了很多非常过时的选题，这说明申报者并不了解该选题所在领域的整体研究进展，也无法评估和判断自己研究的选题在整体的脉络中处于什么样的位置，进而导致申报失败。

2）无法将文献综述梳理到位。申报书有一个非常重要的组成部分——国内外研究状况以及学术动态。这个部分其实就是考察申报者对于同行的研究掌握到什么样的程度。如果你不了解你的同行对相关问题的研究状态，就等于你没有把国内外研究状况，也就是文献综述做到位，这是一个非常严重的问题。文献综述是评审专家着重考察的重要环节，它不仅决定着申报者的研究是否具有创新性，是否发现了之前学术界研究的不足，并且围绕这个不足来继续研究以满足国家社科基金对于创新性的要求。文献综述还决定着申报者的研究是否是客观的、理性的。文科的研究绝大部分是要依靠文献的，你对于学术现状的了解、学术动态的把握都需要通过大量的文献阅读来实现。我们做文献研究有四个标准——全面性、权威性、及时性和针对性。这里面的全面性是非常重要的，如果你的研究赖以存在的基础——文献并不够全面，那你在此基础之上做的研究怎么会可靠呢？你又怎样让别人，尤其是评审专家相信你的研究是客观的、可信的呢？

1.3.2 对本人的研究在社会实践中的地位的评估

上文说的是申报者要对自己的研究在整体的理论研究中处于什么样的位置做到心中有数。这部分主要说明的是申报者对自己的研究在社会实践中的地位要有认识和了解。做好了这两部分，申报书体现出了研究意义（包含理论意义和实践意义），你写起来就会得心应手。

这个部分主要是要求申报者对于自己研究的内容能解决社会发展的哪一个环节的问题，以及这个问题对于整体社会发展的意义和贡献是大是小，是强是弱，要心中有数。再次强调，基金之所以会资助研究者的研究，原因是想要解决国家、社会发展的一部分问题，问题越难、越大、越棘手、越迫切，资助的力度也就越大。如果研究者的研究工作能够跟这些社会发展的痛点结合起来，结合得越紧密，解决的问题越重要、越急迫、越有挑战性，获得资助的可能性也就越大。吉林大学黄大年教授被中央称为战略科学家，有数亿元的科研经费，为什么？因为黄大年教授的研究方向和内容能解决国家国防和战略方面迫切需要解决的问题。

很多情况下，每个研究人员的研究方向，其实是个人选择的结果。申报者，尤其是年轻的申报者，申请国家社科基金的过程也是其反复思考自己的研究方向，最终确定自己研究方向的过程。有的时候国家社科基金的申报不会一年就中，申报者要反复琢磨和申请几年，这其实也是对自己的研究方向进行精准确认的过程。但其实绝大多数情况下申报者的研究方向是其个人选择的。既然是个人选择，那么选择大于努力，方向大于方法。意思是说，人们在做决策的时候要把自己放在风口上，而不是与趋势背道而驰。站在风口上，猪都能飞起来，更何况是人呢？个人的宏观决策有时能决定基金申报的结果。我曾经写过一篇帖子谈袁隆平老先生的科研选题（《从"杂交水稻"看科研工作者的选题方向》），杂交水稻是袁老的研究方向，也是科研选题，这个选题就极具宏观视野，社会意义重大，覆盖面极广。你想，杂交水稻关乎国家的粮食安全，涉及每一个中国人的饭碗，基本上人人都关注，因此袁老的选题是非常有分量的。

从"杂交水稻"看科研工作者的选题方向

　　与袁老同时期成长起来的科学家并不在少数，但是能够做到袁老这一级别和水平的不会太多，在达到某一层面之后，一个人能走到的高度很多情况下并不是天赋和努力程度决定的，而是看你把自己放在哪个领域当中去发展。努力奔跑很重要，但是把自己放在正确的赛道上更重要，因为这条赛道能够决定你努力的结果和最后达到的高度。

　　我们用体育赛事说明这个问题，如果你是运动员，自然条件允许你在几个项目中进行选择，你会怎么选择？这是个博弈的过程，一定要选择那些对你而言性价比最高的赛事，这就涉及判断。比如乒乓球，这是中国传统优势项目，而且主要是靠个人素质，但是排球、篮球这些大球就不仅需要个人素质，还需要团队配合。

中国的现代体育运动发展得还是比较薄弱的，为了能在奥运会上争取更多的金牌，当时国家体委就采用了"田忌赛马"的策略，即优先发展国外水平低、竞争弱、冷门的项目，这个策略帮助中国队在 1984 年洛杉矶奥运会上夺得了 15 枚金牌，之前我们在奥运会上从来没有拿过金牌。1995 年国家体委发布了一个"奥运增光计划"，有人总结出来五个字——"小、巧、难、女、少"，就是重点发展小球项目、技巧性项目、难度大的项目、女子项目和比赛人数少的项目，这个政策直接导致了女性获得的金牌数量比男性获得的多很多。一位运动员如果是以奥运金牌作为运动生涯的最高目标的话，还是需要了解一下整体的大环境、大趋势，尽量选择一个能帮你走出来，投入产出比比较大的训练项目。

再来看一个例子，这是钟南山院士的亲身经历和个人选择。1959 年钟南山参加第一届全国运动会，打破了男子 400 米栏的全国纪录。全国运动会结束后，成为一名职业运动员的机会摆在钟南山面前，可他再三考虑后，选择回到医学领域。钟老的理由是："我觉得我的身材不行，体质也不行，我最好的成绩顶多达到亚洲水平，达不到世界水平，当运动员没有前途。"后来，钟老的成就有目共睹，这也是一个个人权衡和优化选择的好例子。①

国家社科基金的申报也是如此，普通项目 20 万元、重点项目 35 万元、重大项目 80 万元，资助额度可以用来衡量大家选题的价值。申报者撰写申报书的时候要想一想，申报的选题值不值这些钱？该研究能给国家解决什么问题？本质上国家社科基金就是国家出钱购买申报者的智力成果，所以国家需要衡量其研究成果是否值这些钱。当年吉林大学整体的科研经费大概几亿元，黄

---

① 钟南山曾破男子 400 米栏全国纪录！继续学医，理由太凡尔赛了 [N/OL]. 光明日报 . [2021-09-18]. https://mp.weixin.qq.com/s/jlIoPGbxec53pC6-n6Mhkg.

大年老师的科研经费就占到了其中的 2/3。吃惊吗？这说明黄老师的研究方向特别重要，是国家迫切需要解决的问题，是极具有研究价值的。黄老师的研究直接将外国的航母逼退 100 海里，这对于国家安全来讲太重要了。

　　因此，作为科研工作者，我们太需要思考我们自己的研究方向了，我们要保证我们的选题是一个真正的问题，不是自己主观臆造、无中生有的问题，还要保证选题具有一定的高度和覆盖面，这样才能具有社会意义，也只有通过这样的方式，才能实现个人的理想和抱负。任何一个科研工作者，都希望自己能够成就一番事业。那就回过头来看看自己的研究方向，是不是能够帮助自己成就一番事业，获得令人瞩目的成就吧！习总书记说过，一个人的理想只有和国家的前途、民族的命运相结合才有价值，科学研究也是如此！

1.3.3　对本人所从事研究的难度的评估

　　这个问题在上文略有涉及，在指出什么是一个大小适中的"问题"时说明选题有四种类型，分别是树干级别的选题、树枝级别的选题、树叶级别的选题和叶脉级别的选题。每种选题对申报者都是有要求的，太年轻的申报者做不了树枝和树干级别的选题，不仅是自身能力不够，团队也无法满足这种选题的要求。我在这里举两个例子向大家说明这个问题。

　　由于我常年做评委，不仅审社科类项目，有时候还审教学改革项目，虽然一类是科学研究项目，一类是教学研究项目，但是底层的逻辑和要求都是一样的。比如我在审教改项目的时候，如果一个人的选题涉及人才培养方案，我就要看他的团队和他本人的履历，因为如果他不处在学院领导的角色，本人没有丰富的教学研究经验，就做不了人才培养方案的研究。说得简单点，如果申报者只是一个普通的年轻教师，他做不了这样的题目。我还遇到过这样的情况，申报者虽然是一个学院的院长，但是要研究教育模式改革的问题。这题目太大了，不是一个普通高校下面的一个普通学院的院长能做得了的。

因此这个部分考察的是申报者有没有能力、资历、经历（学术经历）来完成这样的选题，这个问题跟上文的选题大小有关系。此外我们还要看申报者的团队能不能完成这样的选题。通常需要整合资源的选题，我们就要考察团队当中有没有这样的资源，或者有没有这样的人能够整合到这些资源。比如我曾经做过一个国家社科基金的选题，是关于某部法律的实施方面的研究，那在我的团队当中一定要有从事实务工作的法官、律师等从业人员，否则怎么开展这样的研究呢？如果你的研究涉及跟方方面面协调，上上下下沟通，那你是否具备这样的能力呢？你的团队能做好这样的工作吗？有的项目需要跨校联合申报，有的项目需要国家之间合作，申报者需要对自己的项目难度和完成项目必备的团队资源有深刻而清醒的认识。很多时候，评委会觉得某申报书写得还不错，但是一看团队和个人，又觉得这个团队完成不了这样的项目，或者这个项目不应该局限于这个层面。如果是因为这些原因，其实蛮可惜的。

但是你其实也不用有那么多顾虑。国家社科基金是问题导向，并且将资助金额与研究问题的理论和实践意义挂钩，这样做的目的是让大家增强问题意识，增强大局观念，尽量能够从内在和外在两个层面来把握自己的申报选题。实际上，即便是国家社科基金也分成几个档次，青年项目、一般项目、重点项目和重大项目，还有专项基金和后期资助等类别。一方面，国家想用资助研究的方式来鼓励申报者替国家解决问题；另一方面，尤其是针对青年项目、一般项目，国家也采取了培养、扶植和孵化的策略，也就是说，这一类选题虽然要求"问题导向"，但是毕竟不是重点项目、重大项目，能解决的问题有限，只要问题意识清晰，具有一定的理论和实践价值，也能获得资助。国家想通过这一类项目发现和培养人才，毕竟申报重点项目、重大项目的人才也是从申报青年项目、一般项目一点一点成长起来的。因此，希望大家对国家社科基金的申报有一个全面的了解和认识。

以上就是对国家社科基金申报者的两项应具备的能力的解读，一项是用专业知识解决问题的能力，即科学研究能力，另一项是申报者对自己的研究的评估和判断能力。这两项能力缺一不可，后文解读国家社科基金申报书填写的部分也会涉及。

第2章

国家社科基金的申报书的秘密——
由"题"串起来的

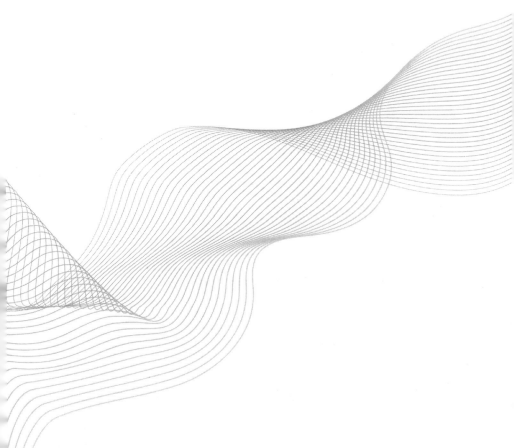

申报书即使是空白的，也是有灵魂的，只要掌握它的灵魂和内在的一些看不见的元素，在填写申报书的时候，你其实是可以做到自我诊断和疗愈的。本部分讲解如何发现国家社科基金看不见的线索——题。

国家社科基金的申报书中无非那几项内容——标题、研究依据（不强制写）、国内外研究状况、研究内容、研究意义、研究方法、前期成果和参考文献。无论是国家自然基金和国家社科基金的申报书，还是教育厅项目或省社科基金的申报书，都是差不多的。它们到底有什么样的规律呢？其实，申报书都是由"题"串成的。因为申报书没有答辩的环节，评审专家看到的都是大家的书面材料，所以会先看大家的申报书"题"串得好不好，从头到尾有没有领会到申报书的精神，这是审申报书的一个方面，"题"串得好不好就决定你能不能上会。此外，如果申报者在填写申报书之前就知道需要用"题"来串的话，也可以借此来判断自己在填写申报书的过程中存在什么问题。

2.1 什么是"题"

首先，什么是"题"？它有两个含义，一个是问题，一个是主题。我们经常会问学生："你的论文研究的是什么问题？""你的问题意识是什么？""你的论文的主题是什么？""主题思想是什么？"这些是我们经常对别人论文提出的问题，可能我们在投稿的过程中，别人也这样问过我们。

　　这些都围绕着问题和主题。那么，什么是问题？什么是主题？针对第一个问题，我们已经在第一章详细论述过了，在此不再赘述。我们主要描述一下什么是"主题"。这里有两个概念：第一个概念——主题是论文的灵魂，它贯穿于论文的全部内容之中，全部内容都要为主题服务。这句话好像也没太说清楚主题是什么。来看第二个概念，即主题是论文的核心思想，是作者的观点体系，它可以分成很多层次。这个概念就把"主题"的精髓概括出来了。可见主题有四个关键词：灵魂、核心思想、观点体系、多层次。在这里可以将主题理解为观点。申报书，还有我们平时写的论文，都是议论文，区别于我们平时讲课用的教科书，因为教科书都是说明文。议论文要求在问题引导下要有观点，有论点、论据和论证，那么你的观点是什么？观点就是你对问题的结论，观点就是本部分所说的主题，作为议论文文体的申报书还要有主题。

　　本部分主要跟大家分享"问题和主题"这个话题，但实际上申报书还有一个更重要的东西——论证。论证是什么？就是申报书相比于教科书的一个最典型的区别，它是议论文。议论文是在问题的引导下得出一个结论。得出结论是有前提的（见图 2-1）。你的前提之所以能够得出你的结论，是因为它们之间有推理关系，这其实就是论证，符合议论文的三要素。因此申报书和论文，都是议论文，都要求你有问题，同时它也要求你对这个问题有看法，也就是结论或者是论点，在这里被我们称为主题。

图 2-1　论证结构图

论点就是主题。主题是什么意思？你提出了问题，你还要对这个问题有观点，就是你的看法。主题是指观点，主题是研究的灵魂，不管你这个研究的载体是论文还是项目，它是灵魂，它是核心思想，它是观点体系，最主要的是它是多层次的。为什么是多层次的？因为文章有总论点和分论点，它是分层次的。因此一篇论文，一份申报书，既要有问题，也要有主题。

举个例子来说明一下，我有一篇已经发表了的论文，标题是《海牙〈承认与执行外国民商事判决公约〉对东北亚民商事判决承认与执行的影响》。其中第一部分是"海牙《承认与执行外国民商事判决公约》的背景介绍"，这是文章的第一部分。我写第一稿的时候，就采用的这个表述，它是一个说明文的表述方式。其问题是尽管有标题，但不具有"标题性"。没错，尽管我是搞写作研究的，我自己在写作的时候也经常犯错。我把这个稿子发给编辑的时候，编辑说："田老师，您可否将第一部分的标题修改一下，要包含观点。"你看编辑就会跟你说，论文要包含观点。于是我就改了，改成"判决承认执行领域的松动是中国积极参与海牙《承认与执行外国民商事判决公约》的大背景"，你看，这个表述就带有观点。所谓的带有观点就是用一个含有判断的句子表达出来（逻辑学称之为"断言"）。标题一定要写成这样，这是对标题最起码的尊重。

如果你不能明白为何标题要写到这个程度，那你需要了解一下什么叫标题。标题是锁定你接下来正文的那部分内容的。可是你想想你这个标题只提及背景，谁能看出接下来的正文主要讲什么？标题的作用就是凝练内容，如果是略读的话，看到标题以后就能明白正文的内容。

事实上，由于每年看的申报书比较多，评审专家确实也喜欢那种看到标题就不用看下文的申报书，因为没有时间。而且你想，专家有个最基本的推断，如果你连标题都提炼不出来的话，你的正文也提炼不出来，那么不值得花时间去看。评审专家只喜欢能直指核心内容并告知核心内容是什么的标题。

介绍完了什么是问题，什么是主题，来看一下问题和主题的关系。

我们的研究是由问题切入的，问题限定主题，主题要为解决问题提供方案。然后，主题是对问题的分析解释，得出个人核心观点和核心思想，这是对问题解决的个人看法。这就是问题和主题之间的关系。回到本部分最核心的思路，申报书要从问题切入，但是要体现出作者的主题才达标，即你要以问题为切入点，但是你必须要体现出自己的主题（观点），否则你的核心观点不具备，人们会说你虽然提出了个好问题，但是你显然对这个问题缺乏认识。接下来，我们就看一下申报书是怎样由问题和主题串起来的。

2.2 "标题和关键词"模块

2.2.1 标题

标题是反映申报书整体和核心内容的最小单元，是申报书最为精练的部分。我们要提升对标题的几个认识。

1. 标题有字数限制且为短语

国家社科基金明确规定，标题不能超过 40 个字，包含标点符号。国家教科院的杨润勇老师曾经对数千份申报书做过调查研究，获得资助的申报书标题基本在 20 字左右。各省的社科基金和社科类项目的标题也都有字数限制，请申报者留意。通常情况下，40个字是够用的，但是一些包含文件名、法律法规名的题目会超字数，这时候建议申报者用文件、法律法规的比较通用的简称来代替。标题通常是一个短语，或者是偏正短语，或者是动宾短语，这个大家可以把每年立项的申报书找来看看。

2. 不能设副标题

副标题其实是为主标题服务的，它的功能主要有两个：第一，从功能上服务主标题，也就是说不能放在主标题中的内容可以放在副标题中。第二，在风格上服务主标题，多见于文学作品，有的时候主标题过于理性和克制，作者们就喜欢用副标题来表达一些文艺、情感、主观方面的东西。举个例子，哈代的《德伯家的苔丝》副标题为"一个纯洁的女人"。副标题不是我们介绍的重点，各类项目都明确标明"不建议使用副标题"，"不建议"虽然表达语气比较缓和，但是在实际当中如果一份申报书使用了副标题，一般很难通过。

3. 标题中的七项内容

1）研究对象。比如《欧共体的经济政策研究》《老年人体育锻炼研究》《新实用主义美学研究》《区块链研究》《北宋时期文学研究》。你会发现在这类题目当中信息非常少，只有一个研究对象，除此之外什么都没有，问题、主题都没有通过标题表现出来。只包含研究对象的题目其实是比较模糊的，传递的信息有限。但是在实际审阅申报书的过程当中，我发现这种题目不占少数。

2）研究结果。这个在理工科的文章当中比较常见，申报者喜欢在标题中明确地告诉评审专家他的研究结果是什么，比如《艾滋病药物能提升新冠肺炎患者的治愈率》，这种标题对于吸引相关人士的阅读是非常有帮助的，新闻标题经常采用这种表达方式，但人文社会科学采用这种表达方式的较少。

3）研究目的。比如《中国早餐构成的变化》《西式早餐中蛋白质摄入的评估》。这类标题也比较含糊，也没有披露太多的信息，不够直观。

4）研究方法。不少学者喜欢将研究方法放在标题当中，如《比例原则适用的欧美比较研究》《犯罪低龄化的实证研究》，如果你的项目在研究方法上是有创新性和特色的，不妨考虑把研究方法列在标题当中。

5）研究问题。我们在之前一直强调"问题"的重要性，在标题当中把自己的问题表达出来，其实是非常符合国家社科基金的要求的。如《法官自由裁量制度的失范与重构》，在这个标题当中，申报者明确地提出了问题——"失范"。有的标题没有直接用文字表达出问题，但是你又能够看到问题。如《最密切联系原则的司法可控性研究》，熟悉我们学科的专家都应该知道，最密切联系原则最大的问题就在于如何约束灵活性，因此，如果申报书的标题中出现了司法可控性，那么申报者要解决的具体问题就是最密切联系原则太过于灵活，不容易进行司法控制。

6）研究观点（主题）。它是指申报者将自己对问题的看法直接表达在标题当中。如上文提到的《最密切联系原则的司法可控性研究》，研究观点就是最密切联系原则应当具有司法可控性，针对的问题就是目前最密切联系原则的司法适用是失控的。再如《企业社会责任法制化研究》，也表明了申报者的观点——企业社会责任需要法制化，又表达了这个观点产生的问题基础——目前的企业社会责任并没有法制化。虽然标题字数比较少，但是表达的信息其实很多。

7）研究背景。研究背景通常是对研究对象的界定，目的是缩小研究范围。如《"一带一路"背景下企业社会责任法制化研究》《后疫情时代国际格局的变迁》《中美贸易摩擦背景下 WTO 争端解决机制的转型》，这类标题当中的"一带一路""后疫情时代""中美贸易摩擦"都是研究背景，它们的作用就是限制了研究对象的范围，进而将申报者的问题锁定在某个时期、某个地域、某个特殊事件当中。研究背景不是可有可无的东西，它一方面可以对研究对象进行限定，缩小研究范围，另一方面能反映出研究的某些创新性。比如 WTO 争端解决机制一直运行良好，属于研究比较成熟的领域。但是在中美贸易摩擦的背景下产生了相应的问题，于是就又具有了研究的价值。

4. 设计申报书的标题

上述七项内容不可以全被放进国家社科基金的申报书中。一方面，国家社科基金申报书的标题是有字数限制的，七项内容全部都放进去，一定会超字数。另一方面，汉语的表达是有层数限制的，也就是说超过 3~4 层的逻辑层次，在汉语的表达层面会很费力，要用很多的连接词，比如"的"，这样就会造成很多语义的重叠和歧义，而且人的大脑能够接受的汉语表达的逻辑层次其实也不超过 4 层，要不然大脑也反应不过来。比如《"一带一路"背景下企业社会责任对外商投资企业走出去效能提高的作用及影响的比较研究》，在这个标题当中包含研究背景、研究对象、研究目的、研究结果、研究方法、研究问题等众多的内容，你一看就会感觉到很头疼，这个标题结构太复杂，使人产生阅读的抵触情绪。因此，设计申报书标题时一定要学会取舍，一定要将那些能够体现你研究的主要问题、观点以及创新性的东西放进去。如果你的研究方法是具有创新性的，那就把研究方法放进去；如果你的研究背景是有创新性的，那就把研究背景放进去。

1）标题必须要包含的内容

虽然我们介绍了七项经常被放入标题里面的内容，但是这七项内容的地位并不同，有些是很重要的，有些只起到辅助作用。那什么内容是最重要的？这需要从议论文写作（申报书是议论文）的核心要素开始分析。我们写申报书是用来解决问题的，需要采用论证的方式向受众传递观点。这里面就出现了一些关键词，如"问题""观点"。也就是说，你写作最大的目的就是解决问题，传递你的看法和观点。因此，在上述七项内容中，研究问题和研究观点是最重要的，它们能最大限度地向别人传递你的写作目的。除了研究问题、研究观点之外，还有别的内容是必需的吗？有！研究对象也是一个必需的内容，虽然研究问题和研究观点很重要，但是如果不阐明研究对象，研究问题和研究观点就没有附着点。别人即便知道你要解决问题，也不知道你要解决的是什么对象的问题，传递的是关于什么的观点。从上述对标题的七项内容的介绍中可以看出，研究对象是每个总标题都必备的内容。不过，如果你只将总标题表述为研究对象就会过于模糊，人们看不到这个研究对象出了什么问题，以及作者对这个研究对象的这个问题有何看法。

因此，研究对象、研究问题和研究观点是三项必不可少的内容。无论其他内容是否提及，这三项内容必须放入标题，否则你就没法成功通过标题向读者传递你研究的核心信息。比如在《最密切联系原则的司法可控性研究》这个标题中，最密切联系原则是研究对象，司法可控性是研究的观点。这个标题中没出现问题，但是可控性这个词就暗指最密切联系原则的司法是不可控的这个问题，因此这个标题也表达了问题。再如，你可以采用《〈涉外民事关系法律适用法〉实施中最密切联系原则的司法可控性研究》这个标题，这样就把研究背景也加入进去了。这个标题有了研究背景、研究对象和研究观点，而且通过暗示的方法将研究问题表达了出来。这就是一个令人比较满意的题目。

除了上述必须放入文章标题里的三项内容之外，其他的内容就是起到辅助说明作用的内容了，比如研究背景主要是框定研究对象的范畴，研究方法主要是强调研究在方法论层面的不同等。

来看几个2020年获得国家社科基金立项的申报书的标题，进而观察一下它们是怎样体现问题和主题的。我们先看第一个题目——《人民币在"一带一路"沿线国家率先国际化的路径研究》，这是一个经济学的选题，作者的观点也就是主题，非常明确，即人民币国际化的路径；对应的问题是人民币想要国际化，但是还没有国际化的现状；研究范围是在"一带一路"沿线国家先进试行点。可以看出，这个题目非常饱满，包含研究对象、研究问题、研究主题和研究背景。我们再来看第二个题目——《社区治理视域下的宁夏易地搬迁户稳定脱贫路径实证研究》，这个题目中社区治理视域下是研究背景，宁夏易地搬迁户稳定脱贫是研究对象，路径是主题，隐含的问题是宁夏易地搬迁户稳定脱贫目前没有较好或者稳定的路径，实证研究是研究方法。我们最后看第三个题目——《疫病风险防控下的我国农贸市场动物源性食品安全治理研究》，这个题目中，疫病风险防控下是研究背景，我国农贸市场动物源性食品安全是研究对象，不安全是研究问题，治理是研究主题。

申报者可以自行研究一下历年立项的题目，进而总结规律。值得一提的是，本书当中所强调的设计标题的方法是一种最为理想化的方式，实践当中由于很多学科的发展并不完善，学科和学科之间的差距其实是比较大的。在人文社会科学的选题当中，社会科学的选题其实是比较接近这个标准的，所以你在看到经济学、法学和商学这三个学科的标题时，很容易辨别其研究对象、研究问题、研究主题，以及研究背景和研究方法。但是有些学科由于自身特点，学科研究的成熟度不一样，选题呈现的状态也不一样。有些学科的选题目前还没有能力做到特别细化，问题特别突出，也就是说其研究的问题都比较宏观和庞大，不会像经济、法学和商学这三个学科那么具体。比如文学、马列主义和历史学，还有一些"国"字头的学科和专业，研究的问题普遍比较宏观和庞大。

不管怎样，作为议论文写作，申报书的最佳状态是能够时刻向别人展现出它要研究的问题、它的观点等这些最为重要的内容。

2）标题里的核心词要具有学科属性或学科关联

强调这点，是因为有的时候，我们看到一个申报书的标题，它符合我们上文所说的要素方面的要求，即包括研究对象、研究问题和研究主题，但是这也不见得就是一个合格的标题。我们在上文曾经说过，国家社科基金要求我们体现专业性，也就是说用我们的专业知识去解决国家社科基金需要解决的问题。我们在提出解决方案的过程当中，一定要体现出我们的学科特征，因而标题也要体现出学科特征，这样就能够进一步地锁定我们研究的专业性和学科属性。

现实中有些研究者其实没有专业思维，或者说他们的专业思维是比较发散的。我来举一个例子，方便大家对这个问题有进一步的了解。比如《跨国并购中知识产权流失及对策研究》，这个标题其实是符合上文所说的要求的：跨国并购是研究背景，知识产权是研究对象，流失是问题，对策是主题。但是你仔细一看，会发现这个题目其实是有问题的，因为你看不出它的学科属性。知识产权是一个非常普遍的概念，很多学科都使用它；流失是一个日常用语，不具有学科标识，很多学科也都关注知识产权流失的问题，只不过不同的学科关注知识产权流失的方面是不一样的。从这个标题也能够看出，申报者是没有学科思维的，至少是在这次申报的标题中没有体现出学科思维，以至于评审专家根本就没有办法评判出这是哪一个专业、哪一个学科研究的问题。接下来我们可以尝试将这个标题进行改动以让它具有学科属性，比如我们改写成《跨国并购中被并购方知识产权权利的保护研究》或《跨国并购中被并购方产权博弈的困境及对策研究》，你就会发现前者具有了法学学科的属性，后者具有了经济学学科的属性。那什么会使一个标题具有学科的属性呢？前者是由于补充了权利与保护，后者是由于补充了博弈和困境。这些词汇都是具有学科属性的词汇，它规定了申报者也就是研究者对于一个宽泛问题的切入角度。因此，我们在这里强调，一份申报书的标题还要具有学科属性。而凸显学科属性最重要的方式就是你的研究对象、研究问题，甚至是主题，能让评审专家一眼就看出其是某个学科的专属范畴，如果你做不到这一点，那就说明你的功力还不够。

在多年的评审经历中，我遇到的标题没有体现学科属性的申报书也不在少数，这种情况多发生在没有太多经验的年轻申报者身上。没有学科属性，其实也能从侧面反映出申报者的问题意识是不清晰的，他只是对某一个社会上普遍存在的、一般意义上的、现象级别的问题有了感受，但是却没有办法透过这个现象级别的问题，抓住其背后的申报者所属学科的本质。比如去年我辅导过一位法学的申报者，他说要研究社区矫正的问题，我问他社区矫正的什么问题，他向我解释："社区矫正工作现在开展得不好，信息不能共享，管理人员不够，资金不够……"我问他："这里面有什么法律问题？"申报者没有说出来。这说明什么？我们的申报者只对一般意义上的、现象级别的问题有了感受，但是要想抓住这个问题的学科本质，还需要下很多功夫。这其实也是第1章中指出的要找到一个专业问题。你找到了，并且要用专业的术语、有学科标识的词语把它表现出来，这样评审专家就知道你要干什么了。

检查自己的申报书中标题所用词语的学科属性，可以帮助我们明确要研究的问题，避免我们只研究了一个现象级别的问题而没有深入我们所属学科的本质，避免我们研究了一个非学科的问题，还可以避免我们的问题意识不清晰，处于一个综合思维而非学科思维的状态。

3）标题用词要精准，不要偷换概念

上文提及了七项经常被放入总标题里的内容，同时也说明了怎样在这七项内容中进行选择。假设你已经选择了必须放入总标题里的内容，你还会遇到一个问题，就是这些内容，即研究对象、研究问题和研究观点等怎么被表达出来。总体的原则就是用词要精准，但是并不好把握，我们尽量用例子来说明一下这里的尺度。

首先是精，数量精。标题都是微言大义的，除非极特殊情况下，请你只用一个词来概括每一个模块的内容，即研究对象用一个词，研究问题用一个词，研究观点用一个词表达。同时注意要让评审专家一眼就能识别出标题里的研究对象、研究问题、研究主题之间的界限。比如《欧盟农业竞争政策激励机制公平性的思考》，这个标题的研究对象是不清晰的，我们无法辨别研究对象是农业竞争还是农业竞争政策，抑或是农业竞争政策激励机制，这就说明我们还需要继续提炼和精确化表达我们的研究对象。再如《"一带一路"背景下投资领域的政策性调整对东南亚国家的影响》这个标题，出现了两个背景和范畴方面的词汇，分别是"一带一路"和投资领域，使标题比较冗长，而且读起来感觉也不好。

申报者有时候明白自己的研究对象、研究问题和研究观点都是什么，但是标题不仅要使别人明白，还要言简意赅地表达出来，这就比较挑战其能力。你可以用很长的句子向别人描述上述三项内容，但是真要用一些特别准确凝练的词汇来表述的时候，多数人都会感到很困难。有的时候，你能找到一个现成的词汇来形容研究对象、研究问题和研究观点。有的时候你可能不得不自己创设一个新词汇来描述上面的几项内容。这个新词汇不是说一定是凭空产生的,它可能仅仅不是你们学科的专门词汇。比如《〈涉外民事关系法律适用法〉实施中最密切联系原则的司法可控性研究》这个标题中,司法可控性不是法学的专门词汇,但是作者反复思考后只有用这个词汇才能表达目前这个原则在我国司法实务中适用的情况及其核心观点,于是使用了这个不具有学科标识的词汇。但是,如果使用了这个词汇,就需要在申报书正文的一开始阐明这个词汇的定义、内涵和外延。

其次是准。"准"就是你使用的词绝对不能跑偏。比如我曾经见过一个标题叫《消费者知情权的侵犯及补救方式研究》,这个标题在表达上是有语法问题的,我们先不说这一点,单说标题里核心的问题是对知情权的侵犯,但是正文讲述的是对知情权的保护。于是我就问作者:"你到底要写侵犯还是要写保护?"作者回答道:"这两个词不是一个意思吗?有侵犯所以才要保护。"这样的理解是不对的。申报书和文章一样只能沿着一条线索开展,要写侵犯就沿着侵犯这根线走下去,要写保护就需要沿着保护这根线走下去,虽然二者相关,但是切入的角度不同。对于初学者而言,这一点其实是很容易出错的。

我们再来总结一下标题设计的要点,帮助你加深印象。

(1)虽然可以写进标题的内容多达七项,但是最为核心的是研究对象、研究问题和主题,这是由议论文写作的特点决定的,我们的申报书要有问题,要有观点,要有论证。

(2)标题部分常犯的错误主要有只说明研究对象,不说问题、不说主题,这是一种"耍大牌"的写法。评审专家没有义务帮你从研究对象,从你的正文中总结和提炼出问题和主题,这是申报者自己需要做的事。自己应该做的事而不去做,这难道不是

"耍大牌"吗？

（3）标题中所使用的词汇，尤其是研究对象、问题和主题都需要具有学科属性，也就是说让你的同行评议专家（他们都跟你在一个学科，甚至是小学科）能够立马看懂，能产生画面感。如果跟你同一学科的人都看不懂，那么这个选题就是失败的，甚至不属于这个学科。

（4）用词要精准。首先，精准表现在数量上，要尽量用一个词来描述你的研究对象、研究问题和主题；其次，要让评审专家一眼就能看出研究对象、问题和主题之间的界限，不要粘连和重叠；最后，标题中的关键词语要和正文的词语一致，不能偷换概念，也不能让标题使用的词语外延大于或者小于正文中的词语外延。

申报者可以结合我们所举的例子来加深对这部分内容的理解，同时，申报者在撰写申报书标题的时候，也可以参照我们列出的标准进行检测，看看自己写的标题还有哪些提升的空间。如果你自己看不出来，就要多找别人看看，国家社科基金申报的过程中要多听别人的意见，尤其是知名学者的意见，这些知名学者有可能也是评审专家。怎样才能见到这些知名学者呢？如果你本身就和这些知名学者在同一所学校，那你是多么的幸运啊，可以直接请教，这是很多人都非常羡慕的。如果你的工作环境没那么幸运，那么你就要多参加学术会议，找机会跟这些人接触，多向他们请教。

2.2.2　关键词

关键词这个部分并不像标题那个部分有那么多的理论分析，所以这个部分不会有太多的内容，主要是基于国家社科基金的管理方面的规定给申报者一些提示，不过关键词部分也有一定的功能，作为申报者要抓住任何机会显示自己的专业性和思考的成熟度。

首先，国家社科基金规定关键词只能有三个，中间用空格隔开。这是一条多么简单明确的规定啊！但就是有申报者做不到，而且每年做不到的申报者数量还不少。这是为什么呢？这只能说明申报者对关键词这个部分是非常不重视的。他们要不然就写了超过三个的关键词，要不然就是在关键词和关键词之间用了逗号或分号。我作为评审专家每次指出这方面的错误的时候，有些申报者还很不理解。不要不理解，这就是规定。国家社科基金的评审系统就只能识别出三个关键词，它的计算机语言也只能区分出关键词和关键词之间是用"空格"隔开的。对于这种硬性的要求，不要问为什么，照着做就可以了。

其次，关键词填哪些字？回答这个问题需要首先明白什么叫关键词，以及关键词是用来干什么的。我们应该对关键词不陌生，因为写文章也需要有关键词。但是极少有人去研究关键词是什么。关键词的存在主要是为了检索的方便，比如在中国知网上有那么多文章，如果你想检索，就要通过关键词。那现在就请你想一下，你都会使用哪些关键词来锁定你的目标文章呢？你一定要使用那些具有学科标识的词汇，因为你想了解的一定是某一学科、某一领域的研究，那你只能使用这一学科和这一领域的专业词汇，比如我想了解 WTO 争端解决机制方面的研究进展，我一定会使用"WTO""争端解决"这些关键词，你看看它们是不是具有学科标识呢？相反，如果你仅搜索对策、路径，或者是很多学科都使用的概念，如知识产权、海外并购等，你是没有办法锁定你想要的文章的。因此，关键词是帮助我们在网络检索的过程当中锁定文章的，它的本质特征是具有学科标识。申报书关键词的填写要遵循这样的一个原理，要尽量填写那些反映你研究的、带有学科标识的词语。比如，有一年我师兄的申报书标题为《"一带一路"倡议下中国视角的国际投资规则创新研究》，在填写关键词的时候，我师兄把"'一带一路'倡议"写上了，而且还写在了第一位，这个关键词其实没啥意义，很多学科都用，是一个研究背景，并不是一个学科的专业词汇。

最后，申报书的关键词还有哪些规则需要注意？申报书关键词的排序也非常重要。现在很多基金也都实现了电子送审，也就是通过程序控制来完成申报书的识别和归类，然后将申报书送到相应的评审专家的手中。即便不是通过电子送审，由人工来完成，送审人员也得依据一定的标准来送审，而这个标准之一就是关键词。第一个关键词往往非常重要，尤其是在跨学科申报的时候，它在很大程度上决定了一份申报书由哪一个学术圈里的评审专家来评审。举一个例子来说明这个问题。这个例子是国家自然科学基金的，但是对国家社科基金同样适用。有一位从事血液肿瘤研究的医生，填写了关于该方面研究的国家自然科学基金申报书，请我的先生提些建议。由于我的先生从事科研管理工作，并且在国家自然科学基金委员会工作过一段时间，一下就发现了问题——由于血液和肿瘤在医学中是两个不同的研究方向，该名医生的研究方向其实是跨三级学科研究，属于交叉学科。于是我的先生就问了这名医生一个问题："您平时是跟血液学术圈联系得多还是跟肿瘤学术圈联系得多？"该名医生非常惊讶，他很奇怪我的先生为什么要问这样的一个问题。于是我的先生解释道："如果您平时经常与血液圈联系，就把'血液'这个关键词写在第一位；如果您平时常联系的是肿瘤圈，就把'肿瘤'这个关键词写在第一位。这样做能最大限度地保证您的申报书是由您的小同行评议。"

其他学科研究可能不像医学学科研究那么复杂，但是也要注意这个问题。我们几乎每一个学科和方向都会有一个专门的学会，有时候这个学会还会继续细化。比如我从事的是国际法研究，我的研究方向是国际私法，我平时联系的学术圈就是国际私法学会。如果我申报国家社科基金的话，评审我申报书的人也就是我的国际私法学会的同行们，我必须得在关键词的填写上让从事基金管理的人员能够识别出这是一份国际私法的申报书，并且让管理人员准确地将我的申报书送到我的同行手中。如果你的申报书被一个不是你的同行或小同行的人评审，那结果会是怎样呢？我们在这方面有着非常惨痛的教训。有一年我的一个从事环境法研究的同事向我抱怨，他的一个博士的毕业论文通过教育部平台送审，竟然送到了某校从事国际法研究的一位导师手里，这位从事国际法研究的导师十分不客气，直接就没给通过。但是其他从事环境法研究的外审专家就通过了这篇论文。这篇论文的题目是涉及某个环境法领域的国际比较研究，因而该名学生在关键词部分把国际比较也写上了，导致这篇论文最终送到了国际法导师的手里。这个例子从某种程度上向我们说明关键词的撰写其实是有讲究的。作为国家社科基金的申报者，我们不仅有义务将关键词撰写得准确，还要使关键词能够满足基金管理规则的需要，最终帮助我们把申报书送到熟悉我们研究的评审专家，也就是同行的手中。

2.3 "选题依据"模块

2.3.1 引言（研究整体情况介绍）

本来，填写完标题和关键词之后，在正文的填写部分，我们首先遇到的是国内外相关研究的学术史梳理及研究动态，也就是文献综述的部分，但是从我个人的角度，我还是建议在文献综述之前用 300 ～ 500 字将研究的整体情况介绍一下，这部分相当于文章的引言。这样做的理由主要是文献综述、学术价值、应用价值等内容都属于"分论"的部分，也就是说，如果从标题直接过渡到这个"分论"部分，容易让评审专家感觉缺乏整体感，而且，你也可以将自己的研究需要交代的一般事项放在这个部分，而不是什么都不说，直接进入到文献综述这个"分论"的部分。我们在本部分先帮大家分析一下为什么要安排一个相当于"引言"的部分，然后再分析一下引言怎么写。当然，这个不绝对，请申报者根据自身的申报情况进行取舍，也有很多评审专家建议将这部分放在文献综述后面。

1. 为什么要有"引言"

引言被放置在申报书的开头，作用在于引导评议人阅读，是在读者正式开始阅读正文之前呈献给读者的关于研究的全貌的概览性文字。它主要的作用在于揭示研究背景、研究问题、研究现状、研究方法、研究路径和研究意义，有点类似于"总论"，在其之后进入分论部分，从逻辑上和理解上更为顺畅。引言有特定的功能：（1）点题。标题太短，而引言可以用 300 ～ 500 个字破题，以及对所要研究的问题进行一个"高度抽象概括"的介绍。（2）引言可以给评议人一个指引，帮助评议人进入后续的"分论"阅读之中，否则一开始就阅读文献综述等具体"分论"内容，难以形成整体的概念。（3）引言高度概括，可以对后续的内容进行精准、高度的概括，这样可以让评议人一开始就能窥到你研究的全貌。（4）引言还可以减少疲乏感，给予评议人足够的综合信息，引言写得好能够让评议人产生信心并且产生继续阅读的意愿。

2.怎样写"引言"

引言的字数一定要控制。引言大概由 5 ～ 8 句话构成，每句话都阐明一个主旨，完成对一个问题的总体描述。大体而言，引言包含以下几方面内容。

1）交代自己的选题与项目指南之间的关系

虽然国家社科基金允许有自选项目，但是如果能把自己的研究跟项目指南挂上钩，还是要尽量从项目指南中确定选题。不仅国家社科基金有项目指南，各类基金几乎都有，指南中项目涉及的问题是组织者认为最需要被解决的问题。国家社科基金的项目指南包含了目前国家面临的最紧迫的问题，是一群这个领域的专家贡献了自己的头脑和智慧，结合中国的实际情况总结出来并且经过几次甄选才最终形成的。也就是说，项目指南自带问题导向、时代性和现实意义。

如上所述，国家社科的申报越来越重视问题导向，越来越接地气，它要求有非常明确的现实意义，即你的研究必须能解决中国现在面临的问题，哪怕是一个很小的问题，但必须是中国能用得上的，而不是你想研究啥就研究啥。而且通过看国家社科基金每年的项目指南，你会发现，项目指南的变化是非常能体现中国的时代性的。

什么样的申报书容易获得资助？必须要有明确的问题意识，要跟国家同呼吸共命运，项目指南就给了我们一个很好的方向。因此，建议大家围绕项目指南选题。但这并不是说让大家原封不动地用项目指南的题目，项目指南大多是一个大的开放性的领域（是个论域），研究者可以将自己研究的方向放到这个领域中，将项目指南的题目背景化。如有一年指南上的题目为《"一带一路"倡议与国际投资规则创新研究》，为了突出和强调中国理念、中国方案和中国范式，可以将标题定为《"一带一路"倡议下中国视角的国际投资规则范式创新》。再比如，有一年项目指南的题目为《〈涉外民事关系法律适用法〉实施研究》，这个领域太大，可以适当限制为《〈涉外民事关系法律适用法〉实施中最密切联系原则的司法可控性研究》。同时在项目申报书的引言中明确指出："本选题是《国家社科基金项目申报指南》法学第 ×× 项（"一带一路"倡议与国际投资规则创新研究），为了突出和强调中国理念、中国方案和中国范式，将标题定为《"一带一路"倡议下中国视角的国际投资规则范式创新》。"通过引言，评阅人很容易判断你的选题是围绕项目指南，符合国家政策指引，同时为了凸显你的问题意识，又在此基础上做了限定。因此，围绕项目指南选题很容易找到问题感、方向感，并且能够跟国家社科基金的设计思路保持一致。

　　围绕项目指南选题能够让你客观地观察自己的研究方向，将自己的研究放在大环境、大趋势和大格局中。之前说过，项目指南的题目涉及的都是国家需要解决的很重要的问题，而且项目指南只是划出一个论域，不会给申报者带来太多的限制，反而会带来中观甚至宏观层面的指导。申报者的研究多是微观层面的，将微观研究和国家的中观政策和宏观格局结合起来考察，就是看申报者的研究是不是具有时代性，是不是具有趋势性。因此，我个人建议，申报者不要排斥项目指南中的选题，而是要思考如何把自己擅长的微观研究尽可能地跟项目指南的中观、宏观指导结合起来。

　　2）引言的几句话

　　这里还是以我当年的申报书《〈涉外民事关系法律适用法〉实施中最密切联系原则的司法可控性研究》为例，分析一下引言的写法。

　　第一句是"解释句"。这句写不写看情况。这句要写标题中的特殊概念，如果申报者在标题中使用了一个自己独创的，比较小众的，不是学科中广为人知的概念，就需要在这个地方说明一下，也就是对你的标题中的核心关键词进行解释。举个例子，我当年在申报书中使用了"最密切联系原则的司法可控性"这样一个自己创造的概念，所以在文章的一开始就写了：

最密切联系原则的司法可控性是指针对最密切联系原则灵活性引发的……而采取的……最终要达到……

还有一份申报书是以《"一带一路"背景下中国视角的国际投资规则范式创新研究》为题的，也需要介绍一下"范式创新"。比较新的概念都需要在解释句中被界定。

第二句是"背景句"。这句话必须写，而且要紧贴着问题层面切入，不能太高。那怎么才能算紧贴着"问题"切入呢？一个小技巧，就是你的研究背景必须切到研究对象上，如果没有切到研究对象这个层面，这个研究背景的切入层面就高了。举个例子，我经常看到申报书的研究背景写成："随着'一带一路'倡议的提出……""随着党的十八大的召开……"严格意义上，这种研究背景句的切入层面都太高，你要在这句话中切到研究对象的层面上，把研究对象带出来，这样才能把研究对象存在的问题带出来，研究背景这句话的功能是点出你所要研究问题的背景。还以我当年的申报书为例：

最密切联系原则从 20 世纪 50 年代开始被世界各国立法界纷纷采纳，我国也将该原则作为重要的法律原则。

背景句一定要切到研究对象这个层面，下一句就直接引出问题，不能切到太高的层面。我的研究对象是最密切联系原则，所以第一句话一定要把最密切联系原则带出来，否则下一句就衔接不上。背景句一定要切得低，低到可以跟下一句无缝衔接。

第三句是"一般问题句"。这句说明在背景之下，什么问题凸显出来了，什么问题浮出水面了。之所以叫一般问题句，是因为这只是一个广泛意义上你要研究的问题，还不具体化。比如：

> 该原则最大的优点在于能够实现法律适用的灵活性，最大的缺点在于法律适用太过灵活，进而引发了司法适用的诸多问题。

第四句是"文献综述句"。针对上一句提出的一般问题，说明目前的学术研究推进到什么层面了。这句话必须写，要高度概括。这句话用来证明你对这个问题非常了解，做了大量的阅读工作，积累了大量的素材，还可以凸显你的学术功底，同时让内行人看到你研究的创新性。比如：

> 对该问题现有的学术研究多集中于……

第五句为"具体问题句"。这句话是在前四句话铺垫之后最重要的一句，要引出你的研究问题是什么，这就是你的核心问题意识。这部分对应研究内容，也考验申报者能不能对研究内容进行高度概括。

> 而本研究与以往研究不同，主要集中于……

第六句是"研究意义句"。[①] 这一句也是结尾，简要（但是绝不简单）地总结你这项研究的意义。记住，要高度概括。

> 这将解决理论上关于……，也将解决实践中……的长期困惑。

---

① 如果想强调研究方法，也可以在研究意义之前写出来，本文的例子里并不想强调研究方法，因此省略了这个环节。

综合起来：

最密切联系原则的司法可控性是指针对最密切联系原则灵活性引发的……而采取的……最终要达到……（解释句，破题）随着 20 世纪 50 年代最密切联系原则被世界各国立法界纷纷采纳，我国也将该原则作为重要的法律原则。（背景句，交代研究的时代感，要突出时代意义）该原则最大的优点在于能够实现法律适用的灵活性，最大的缺点在于法律适用太过灵活，进而引发了司法适用的诸多问题。（一般问题句，交代研究领域）对该问题现有的学术研究多集中于……（文献综述句，交代前人研究的结果，凸显自己研究的创新性）而本研究与以往研究不同，主要集中于……（具体问题句，不仅点题还要衔接后面正文的内容）这将解决理论上关于……，也将解决实践中……的长期困惑。（研究意义句，还能承上启下）①

这里围绕着我的申报书向大家分享了引言的写法，其实引言就是要在宏观上高度抽象概括地向评议人交代一下研究的整体情况。实际上申报者可以根据自己的情况添加或者删减，比如我这里就没有研究方法句，因为研究方法不是我要重点突出的内容，但是也可以加进去。比如我这里也没有强调研究思路，如果你觉得你的研究思路比较有特色，也可以放进去。总之，引言部分用于交代研究的整体情况，要跟下面分论的内容对应上，其目的也是让评议人根据你的引言能了解各个分论部分的概况，从而快速进入你的研究中。如果引言写得好，就相当于你在"带节奏"。评审专家顺着你的思路走，他会很省力，阅读不会那么艰难（也就是说，申报书的可读性高），心情也会变得愉悦。

我担任评审专家时，非常喜欢看到这样的引言。虽然申报书

① 田洪鋆．批判性思维与写作 [M]．北京：北京大学出版社，2021：269-272．

没有对此做出硬性的要求，但是从评审专家的阅读体验来看。这个部分其实是很重要的。我们打一个比方：在我们生活当中，几乎每个人都使用过手机里的地图类 APP 进行导航，你会发现当你输入一个目的地的时候，地图首先给你呈现出一个路线图，它反映的是从你的出发地点到你的目的地点的一个总体的概括，然后你点击导航，就显示具体的移动状态。即便在导航的状态中，APP 也会时刻贴心地告诉你，你目前所处的位置和总体的路线图之间的关系，也就是说，你可以随时了解你走了多少公里，距离目的地还有多少公里。这个例子告诉我们什么？人们在开始导航之前需要有一个整体的路线图以反映路线的全貌，引言就相当于反映全貌的路线图，让评议人对整个研究有一个全局性的认识，这是符合人类的认知习惯的。导航中 APP 时刻贴心地告诉你目前的位置和总体路线的关系的这种做法，值得我们在申报书填写的时候借鉴，稍后会展开说。

3. 一个修改的实例

　　本实例来自我师兄的一份申报书，我前后帮他改了七遍，改到最后我们两个都快吐了，真是"不疯魔不成活"，但好处是当年申报成功，而且我的师兄为了感谢我，允许我将他的申报书作为实例。我的师兄是一个理论基础特别扎实的学者，我比较愿意改这样的申报书。为什么呢？我曾经写过一篇帖子《国家社科基金申报书撰写的三要素：我只能帮你解决两个》，大意是说一份申报书有三个要素：内容、结构和风格。其中内容是关键，因为这是一份申报书的底蕴、基础和先决条件，完全考察申报者的基本功。用通俗的话讲，内容反映申报者的理论基础和对所要解决问题的知识储备和思想积累。我爱看的申报书是，你能透过申报书看出申报者在内容方面、积累方面和储备方面是没有问题的，申报者们只是在这些内容的包装、安排、结构和表达风格上没有特别切合国家社科基金的要求。因此，在有经验的评审专家的帮助下，这样的申报书很快能在结构和风格上获得提升，进而成为一份令人赏心悦目的申报书。记住，给房子精装修的前提是你得有房！"精装修"是我们这些辅导者的功能和作用。如果你没有内容，没有积累，对所要研究的问题认识模糊，基础不够，那就毫无办法了！

结构和风格是指什么呢？它们为什么这么重要？内容是申报者对要解决问题的思考和积累，结构是将申报者的思考清晰地、有逻辑地、符合读者认知地呈现出来。通常，申报者在成长和积累过程中形成了大量的信息，对于这些信息之间的关系，申报者在潜意识中是知道的。但是读者存在"信息不对称"，读者（评审专家）是不知道的。这就要求申报者必须用清晰的结构将自己的思考、积累，即内容呈现出来，否则读者会迷失在这一大堆信息当中，这就是结构的重要性。

国家社科基金的申报书是有结构的，从问题的提出到国内外研究状况，从研究内容到研究方法，从研究意义到参考文献，其实都要求申报者用"题"串起来（这也是本部分阐述的主旨），这就是所说的结构。各个部分的填写也有结构要求，比如在国内外研究状况这个部分，我们通常会展示五条线索：时间线、空间线、学派线、作者线和观点线。这五条线索不是并列的，而是要以观点线为主线索，其余作为辅助线索展开论证。但是，我经常看到的申报书是以时间线索为主线索，这样其实不能烘托你的"题"（文献综述的部分会对此详细讲解）。结构安排的目的是让读者（评审专家，也就是决定是否资助你的人）很清晰地看懂你的内容。

风格是另外一种东西，因人而异。风格能决定申报书的效果，语言是有力量的，甚至一个字也能产生翻天覆地的变化。比如"中国"和"我国"，"中国"代表着你阐述这个问题是站在"客场立场"，是以一种置身事外、抽离出来的视角观察中国的问题或某问题给中国带来的影响，抑或是中国的对策。而"我国"是站在"主场立场"，是以一种置身事内的视角来观察我国的问题或某问题给我国带来的影响，抑或是我国的对策。一字之差表示你的立场不同，效果和感受都不一样，代表的关切程度也不一样。有的老师在阐述我国的问题的时候，风格过于中立，冷静不带情感，这样很难引起"国家"社科基金的共鸣。（一定要明确，国家社科基金的资助者是国家，我们自己的国家，每年国家社科基金资助的项目都涉及我国迫切需要解决的一些问题，你的态度过于冷淡，不关切中国，也不站在中国的视角，怎么能引起共鸣？）而且，有些申报者在标题中就会指出"中国视角下"，这种表述还是在使用第三人称，没有把自己融入这项研究中，也没有显示出和祖国的关联以及对问题的关切，这样也没扣住中国视角。（也许有人会不赞同，权且作为参考。）还有一些申报者在提出问题的时候语言表现得很中立，没有强烈的冲击感。比如："西方国家所确立的投资规则范式具有一定的局限性。""局限性"这个词汇其实很中性，看不出紧迫性，同时也没有带出中国问题，看不出立场。如果换成"西方国家所确立的投资规则范式严重制约了中国的'一带一路'倡议实施"，语言风格一转换，效果和力量感就出来了，隔着申报书都能感觉到这个问题的严重性，只有用这种有力量的语言才能引起读者的共鸣，让读者认识到这个问题的严重性。而问题的严重性一旦被烘托出来，就容易获得资助。但是，烘托是指语言处理，内容一定要符合实际情况。

有时候，帮别人看申报书是一个得罪人的活儿。为啥这么说呢？因为人们把我们这种人的功能想得太强大了，觉得不论什么申报书，经过我们辅导都会变成好的、有竞争力的申报书，那是不可能的。申报书撰写的内容、结构和风格三个要素，我只能帮忙解决两个。即内容由申报者负责，结构和风格我们从事辅导的人可以帮忙调整一下。

这篇申报书最开始的标题是《"一带一路"倡议下中国视角的国际投资规则范式创新研究》，我们讨论后将"范式"去掉了，请大家在阅读原文和修改稿之后体会一下为什么要去掉它。

本选题是《指南》法学第 68 项（"一带一路"倡议与国际投资规则创新研究），为了突出和强调中国理念、中国方案和中国范式，将选题界定为《"一带一路"倡议下中国视角的国际投资规则范式创新研究》。（交代选题与项目指南的关系，这点做得很好。）

"一带一路"倡议下的国际投资规则需求具有重要的独特性。（研究背景句，但是写得很平淡。）现有的西方国际投资规则范式具有重大的局限性，无法满足"一带一路"倡议下中国视角的国际投资规则需求：（一般问题句，存在三个问题：①与之前的研究背景句粘连，断句不清楚；②表述方式比较平淡，也没有带出文献综述句；③留意一下，这句话的主语是西方国际投资规则范式，而不是本申报书强调的中国视角的国际投资规则范式，这种表达严格来说跑题了）（1）"一带一路"沿线国家多是政治不稳定、社会不稳定的发展中国家，面临发展和引资困境。如表一所示，西方国际投资规则范式片面强调自由市场和法治，无法有效解决广大发展中国家的发展和引资困境。（2）如表二所示，西方国际投资规则范式下的投资协定大多不能充分保护我国海外投资，不能充分满足广大发展中国家的发展需求，不能充分体现全球治理的中国理念和中国方案。（3）"一带一路"倡议是中国引领国际投资规则范式创新、提升制度性话语权的重要契机和平台。（这句仍然是一般问题句的延伸，揭示了三个原因，用来说明西方投资规则范式不能满足"一带一路"倡议下中国视角的国际投资规则需求。这句话和上句话结合起来，存在以下几个问题：①字数太多，引言贵精不贵多；②没必要展开写，要高度概括；③注意表述方式，主语都不是申报书要集中强调的内容。我们在写作的时候，主语其实是可以选择的，用主动语态、被动语态可以表达同样的意思，但主语如果是我们申报书要强调的内容，就会紧扣主题，并且显示作者能够抓住一切机会展示自己的最为核心的观点、主题。）西方国际投资规则范式片面强调自由市场意识形态和解决方案，目前面临诸多危机和挑战。中国应以"一带一路"倡议为契机和平台，挖掘引资发展的中国经验和中国智慧，落实全球治理的中国理念和中国方案，以中国特色的"投资与发展合作"模式为核心，打造国际投资规则创新的中国范式，掌握国际投资规则制定和全球投资治理话语权，既充分保护海外投资，又充分满足广大发展中国家的发展需求。（这句是一般问题句和具体问题句，能让读者看懂，但是写得不到位：①一般问题句和具体问题句粘连；②没有文献综述句，要知道问题的提出是伴随着文献综述的；③这里面还杂糅了研究思路句、研究意义句，界限不清。）

　　本课题立足"一带一路"倡议和中国视角的独特性，探讨能够有效解决广大发展中国家的发展和引资困境，充分体现引资发展的中国经验和中国智慧，充分满足外国投资保护和东道国发展的现实需求，充分体现开放包容、互利共赢、人类命运共同体等全球治理的中国理念和中国方案的国际投资规则范式创新。（这是研究意义句，跟上面的句子内容重复，并且字数太多。）

　　这个引言示例存在以下问题。

（1）字数太多，这部分其实还包含图表，一共 962 字，去掉图表后还有近 700 字。一份申报书一共就让写 7 000 字，引言部分最多 500 字，否则申报书其他部分的篇幅会受影响。

（2）句子和句子之间粘连得厉害，互相嵌套，比如研究背景句和一般问题句粘连，一般问题句和具体问题句粘连，具体问题句和研究思路句、研究意义句粘连。读者虽然能够看懂，但是会感觉不清爽，句子和句子之间的界限非常不清晰，这也从侧面说明，每个句子写得都不到位。

（3）很多句子不仅字数多，叙述复杂，而且重复出现。比如一般问题句其实就是强调西方国际投资规则范式不行，出现了多次，还举了三个原因；研究思路句至少出现了两次；研究意义句也出现了两次。相同功能的句子出现多次就会导致内容重复，思路不清。同时每个句子要控制字数，不要过于冗长。

（4）缺失了很多关键的句子。之前介绍过，引言的写作包含 5 ～ 8 句话，包括研究背景句、一般问题句、文献综述句、具体问题句、研究方法句、研究思路句、研究意义句等。我们对照一下就能发现，申报者忘掉了很重要的文献综述句，也没有研究方法句，但是其他不重要的句子却反复出现。

（5）句子的叙述方式不精准，跑偏，没有强调该强调的内容。申报者在每个句子的设计和描述方式上都不够精准，致使句子没有为中心思想服务，没有发挥应有的强调功能。我们以这句话为例：

现有的西方国际投资规则范式具有重大的局限性，无法满足"一带一路"倡议下中国视角的国际投资规则需求：（1）"一带一路"沿线国家多是政治不稳定、社会不稳定的发展中国家，面临发展和引资困境。如表一所示，西方国际投资规则范式片面强调自由市场和法治，无法有效解决广大发展中国家的发展和引资困境。（2）如表二所示，西方国际投资规则范式下的投资协定大多不能充分保护我国海外投资，不能充分满足广大发展中国家的发展需求，不能充分体现全球治理的中国理念和中国方案。（3）"一带一路"倡议是中国引领国际投资规则范式创新、提升制度性话语权的重要契机和平台。

　　这是典型的一个断言带有三个解释的句子，断言是"现有西方国际投资规则范式有缺陷，不能满足中国'一带一路'建设的需要"。接下来三个分句要为这个断言服务，要紧扣断言的核心——"西方投资规则不满足中国需要"，那么在表述上就要强调出来。分句（1）是一句非常平淡的描述，不是一个扣题的、能强烈表达申报者观点（主题）的句子，可以改成"（1）西方国际投资规则范式只能满足发达国家的'自由和法治'需求，无法满足'一带一路'沿线这些发展中国家的发展和引资需求"。同样分句（3）可以改成"（3）西方国际投资规则范式面临诸多挑战，我国应在'一带一路'倡议下挖掘中国经验和智慧，实现国际投资规则范式创新，为国际投资规则全球治理贡献力量"。修改之后，你会发现下面支撑句子的主语与主句的主语都保持一致，都站在了同一阵线，最大限度地支撑了主句要表达的意思，发挥了支撑句子的功能。而申报者原来撰写的句子主语都过于游离，没有聚焦在主句要表达的核心意思上，因此也就发挥不了最大的支撑功能。这样的句子，不能让评审专家清晰地知道其含义，这种还需要评审专家自己动脑加工的句子，他们是不会太喜欢的。

　　（6）引言中还有一个问题，不知道读者朋友有没有发现——作者在这段文字中将规则范式创新和规则创新混用了，这是典型的偷换概念，这也是为什么后来我逼着作者必须在这两个词中进行选择的原因。

（7）该引言的中国视角有点弱化了。作者集中在西方范式如何有缺陷，但是如果站在中国角度展开，以中国作为主语，可能就会增强中国视角的"浓度"。总之，语言是有力量的，不同的词汇、不同的结构安排都会导致不同的效果。我们能够看到作者在引言的前半段都在说西方如何如何，如果转换一个角度，讲述"我国"如何如何，把西方放在支撑句，为我国视角服务，这样效果更好。从使用"中国"一词，也能看到申报者尽管研究"中国视角"，但其实还是以一个第三人的叙事角度来看待问题的，没有完全从我国的角度切入（第一人称）。这点请大家细细体会，申报书的细节也是很重要的。倒是没有什么绝对的规定，但是申报者要体会转换叙事角度带来的不同效果，毕竟你申请的是"国家"社科基金，让评审专家跟你"共情"也是你的语言功力的体现。

（8）还有一个特别重要的问题——当你从整体上看这个引言的时候，你会发现作者把很重要的一部分笔墨放在西方既有的投资规则的缺点上，而作者研究的应该是国际投资规则创新，也就是说，作者应该把主要精力放在规则创新上。西方主导的规则不合适只是申报者要研究的规则创新的背景，不应该占有这么大的比重。

我们试着修改一下这份申报书的引言部分，让读者有一个对比。这种修改可能只是一种尝试，不见得是最优化的，"文章不厌百回修"，读者也可以自己尝试修改，即便在同一规范之下，每个人的风格和感悟都是不一样的。此外，在我的劝说下，作者把"范式"去掉了。

　　本选题是《指南》法学第 68 项（"一带一路"倡议与国际投资规则创新研究），为了突出和强调中国理念、中国方案和中国范式，将选题定为《"一带一路"倡议下中国视角的国际投资规则创新研究》。（指出选题与项目指南的关系。）

　　国际投资规则对于"一带一路"倡议下的国际投资活动具有非常重要的意义。（研究背景句。）现有的西方国际投资规则因片面强调自由市场意识形态和解决方案而具有重大的局限性，无法满足"一带一路"倡议下对于国际投资规则创新需求。（一般问题句。）目前，对于国际投资规则创新的研究主要集中在……缺乏中国视角，也没有照顾到"一带一路"沿线国家的特殊性。（文献综述句。）而本研究立足中国视角，结合"一带一路"倡议探讨能够有效解决广大发展中国家的发展和引资困境，充分体现引资发展的中国经验和中国智慧，充分满足外国投资保护和东道国发展的现实需求，充分体现开放包容、互利共赢、人类命运共同体等全球治理的中国理念和中国方案的国际投资规则创新。（具体问题句和研究思路句，不仅点题，还衔接后文的内容。）这将解决理论上关于……的问题，也将解决实践中……长期困惑。（研究意义句，还能承上启下。）

　　修改后的引言至少做到了：①将研究重点放在本文的主题——规则创新上；②句子之间的关系比较干净和清楚；③结构很清晰，句子的功能也都相对独立和丰满；④把有关背景的内容弱化（西方范式局限性），把该突出的内容强化（规则创新）；⑤在表达上扣住主题，没有跑偏和游离的现象出现；⑥总体字数在 400 字左右，篇幅适中。

2.3.2 国内外相关研究的学术史梳理及研究动态

1. 国内外相关研究的学术史梳理及研究动态就是文献综述

文献综述是指对某一个问题、某个领域或专题的大量相关资料进行整理，进而梳理出该问题、领域或专题的历史发展、学术观点、国内外状况、学术见解等的综合性介绍和阐述的一种学术成果。文献综述特别重要，也是在阅读申报书的过程中，评审专家着重看的部分。

文献综述是研究的基础，可以毫不客气地说没有文献综述就没有研究。首先，文献综述决定着你的问题是否为真问题。本书一直强调，申报书最为重要的核心要素就是"问题"，可是问题从哪里来？问题主要是从文献的阅读中产生，即便是需要田野调查、实践考察的项目，它的问题的确定和升华也离不开文献。因此，文献分析得是否到位，能够判断出一份申报书的选题是否是成立的。其次，文献综述决定着你是否能够开展相关研究。我们在上文提到过，问题被提出之后，需要被分析和解决。分析是需要有理论基础的，而你的文献综述就是你的理论基础，它能够让评审专家看到你解决问题的能力。如果文献综述做得太单薄，哪怕你发现了一个好的问题，别人也不会相信你能把这个问题妥善地解决掉。最后，文献综述能保证我们研究的创新性，创新性是学术研究的灵魂，一份没有创新性的申报书根本没有必要存在，但是如何判断你的创新性？文献综述就是你对所研究问题的既有成果的整理和呈现，只有对相关学术发展的历史进行充分梳理和分析之后，才能保证你目前的研究是"站在巨人的肩膀之上"的。

2. 文献综述的写法

1）文献综述的不同类型

文献综述分为两种类型，一种是知识整理类文献综述，一种是论证式文献综述。不同类型的文献综述对应的研究目的不一样（见表 2-1）。如果你研究的目的是要展现有关某个研究课题的现有知识，那么你要做一个知识整理类的文献综述。但如果你的研究目的是解决一个问题，要解释这个问题的原因，进而提供问题的创新性解决路径，那么你需要做的不仅仅是一个知识整理类的文献综述，你需要做一个论证类的文献综述。

表 2-1　文献综述的不同类型

不　同　点	知识整理类文献综述	论证式文献综述
目的	展现客观研究情况，更类似于一个知识体系	展现作者对某个问题研究状况的认识，并进一步提出其未来发展路径和方向
展开线索	可以多个线索并列，如时间线索、空间线索、国家线索、作者线索等	只能以"主题"线索为主，其余线索作为辅助，比如你要解决正当防卫标准认定，那你的线索只能是"认定的×××"
作者参与程度	作者客观呈现，主要是整理和呈现	作者在整理基础之上要评述，要谈自己的认识
述评成分	述多，评少	评非常多，要大于述
文体	说明文或夹杂一些议论的说明文	议论文
地位和作用	知识整理类文献综述是论证式文献综述的基础，不能为批判性写作提供直接素材	此类文献综述是知识整理类文献综述的延伸，与批判性写作直接相关，可以直接服务于批判性写作

顾名思义，知识整理类文献综述是研究者锁定了一个研究主题，客观地呈现出关于这个主题的所有研究状态、研究内容和情

况，目的是使大家能够了解关于这个主题的所有研究情况。虽然通过作者总结得出，经过作者的加工整理，甚至还融合作者的主观认知，但是必须承认，这类文献综述的客观性较强，内容性较强，目的就是呈现这个主题的研究状态。论证式文献综述不仅为呈现某个主题的研究状态，它更深入一些，它围绕一个"问题"（待解决的问题、困难、麻烦）展开，以作者对这个领域的知识的理解为基础，向读者阐述为什么这是个问题，对这个问题研究到何种程度，这种研究的缺陷和优点各是什么（也就是要做文献评析），以及应当如何推进对这个问题的解决。因此，相对于知识类的文献综述，论证式的文献综述针对一个待解决的问题，述评结合甚至以评为主，作者的主观能动性非常强。作者要用这个综述证明他研究的价值和可行性，争取读者认同自己的研究观点、方法和路径，甚至希望读者能够认同自己的问题意识。[①]

国家社科基金的申报书中一定要有一份论证式的文献综述，不少申报者写了知识整理类文献综述，这也是文献综述写作上存在的典型错误。基金的申报目的是要解决一个问题，更看重的是作者对这些问题的观点，也就是申报者对文献整体状态的评论，可以有述，但是评论（个人对文献的认知）要占到很大的部分，甚至是用个人观点来整合文献综述。知识整理类的文献综述只是论证式文献综述的起点，还不能满足研究问题的需要。我们必须要明确，基金的申报需要的是一份论证式的文献综述，不要写成知识整理类的，知识整理类的文献综述无法为问题和主题服务。

2）文献综述撰写的基本要求

文献综述分为两个部分，第一部分是对既有研究的梳理，第

---

① 田洪鋆.批判性思维与写作[M].北京：北京大学出版社，2021：210.

二部分是对学术动态的展望。首先，要想做出一份合格的文献综述，就必须将相关的文献都收集和整理到位，满足文献检索的四个要求——全面性、权威性、针对性和及时性。有种不成文的说法：申报者在撰写文献综述之前要先问一下自己有没有看够 100 篇国内外的、与你所要研究的问题直接相关的文献。如果没有这 100 篇文献作为基础，就不要妄谈基金的申报，尤其是国家社科基金项目申报。其次，对文献的阅读和解析会影响文献综述的撰写。我们（研究者）几乎每天都在阅读文献，但是人们对于文献阅读的理解还停留在生活层面上，即随手拿出一篇文献阅读，在认为比较有启发性的文字旁边做一个标记，然后通读整篇文章，就认为自己完成了一篇文献的阅读。我们将这种阅读的方式称为"线性阅读"，这种方式只适用于读普通的、难度不大、理解不困难的读物，对学术文献采用线性阅读的效果并不理想。通常，当你打开文献的时候发现自己什么都记得，什么都知道，但是当你合上文献的时候大脑一片空白，有的时候你甚至不记得这篇文献的名字。我们阅读学术文献之后是要进行输出性写作的，这一点就决定了为了撰写文章或者是申报书而进行的文献阅读是与普通阅读有着严格的区分和界限的。我们强调的阅读是深度的分析性阅读，不仅要读懂文字，还要读懂文章的论证结构。作者提出了什么问题？得出了什么结论？得出结论的依据是什么？作者的论证是否值得信任？作者的观点是否可靠？作者的未表达前提是什么？我看过很多的申报书，一份申报书之所以不行，很大程度上是由于申报者文献分析做得不好，而文献分析做得不好，最根本的原因在于文献阅读是不过关的，而文献阅读之所以不过关，主要是因为申报者对专业文献阅读的理解不到位，通常将其与日常普通读物的阅读混淆。

　　首先，我们来看既有研究也就是学术史如何梳理。我们还是要在这里先强调一下，能够做出文献综述的文献需要满足之前提到的四个要求——全面性、权威性、针对性和及时性，否则就会影响文献综述的质量。其中值得一提的是文献综述的针对性，它决定了我们的文献综述都是围绕同一个主题展开的。有的申报书的参考文献部分的文献主题词不统一，有的甚至有三个以上的主题词，这样的文献的针对性不好，即便你阅读了很多篇，也没有太好的实际效果。

由于我们阅读的是同一主题的文献，我们的目标是将这些文献梳理出来。我们主要梳理什么样的内容呢？我们主要梳理的是时间线索、空间线索、国别线索、主题线索、作者线索。这五条线索是在同一主题下的，也就是说我们需要围绕同一主题把它的时间线索（经历了哪些发展年代）、空间线索（经历了哪些地理区间）、国别线索（哪些国家参与）、作者线索（有哪些研究人员，尤其是代表性的学者）、主题线索（也叫观点线索，即学者们对这一主题发表了哪些看法）一一梳理出来。文献综述也就是你对你收集和整理出来的这五方面内容进行高度的抽象概括，进而表达你自己对这五方面内容的看法，所以撰写文献综述的步骤如下：①找到一定数量的文献（满足四个要求，不少于 100 篇）；②对每篇文献进行分析性阅读，而不是线性阅读（读出问题、结论、推理）。这个难度很大，本书第 3 章会详细介绍文献分析性阅读的要求和方法；③通过分析性阅读将上文所说的五个要素分别提取出来；④对五个要素分别进行归纳、总结和提炼，概括出一般的特征，进而达到"梳理"的效果；⑤以观点线索为主线，其他线索为辅线开始写作。如上所述，一篇文献综述，通常有五条线索，但是这五条线索不是并列的，观点线索是其中最主要的线索，因为它能够回应问题和主题，时间线索、空间线索和作者线索都是为观点线索服务的，申报者在撰写文献综述的时候要着重处理好这几条线索之间的关系，不能喧宾夺主、舍本逐末。用我的申报书来举个例子，最开始，我的文献综述部分如图 2-2 所示。

一、在国际层面

1. 在欧洲大陆

① 70 年代；② 80 年代；③ 90 年代……

2. 在美国

① 70 年代；② 80 年代；③ 90 年代……

二、在国内层面

① 70 年代；② 80 年代；③ 90 年代……

图 2-2　修改前的文献综述

后来我对文献综述进行了修改（如图 2-3 所示）。

一、在国际层面

1. 偏爱确定性的欧洲大陆对最密切联系原则的"灵活性"进行了"规则＋方法"的限制

① 70 年代的"灵活性"处理；② 80 年代"灵活性"处理；③ 90 年代"灵活性"处理……

2. 偏爱灵活性的英美对最密切联系原则的"灵活性"进行了"方法＋规则"的限制

① 70 年代的"灵活性"处理；② 80 年代"灵活性"处理；③ 90 年代"灵活性"处理……

二、在国内层面

国内一直没有形成对最密切联系原则"灵活性"进行控制的思路。

图 2-3　修改后的文献综述

调整之后就是以主题线索为主线，把之前的时间线索和法系线索给弱化了。请感受一下调整之后的申报书给阅读带来的影响和变化。总之，文献综述需要为问题和主题做贡献和服务。只有将主题线索作为主要线索，将主题线索凸显出来，才能达到上述效果。

其次，我们看一下研究动态怎么写。如果说学术史是对既有研究的梳理，研究动态就是描述当下和将来学术界应该怎样将这一研究主题继续开展下去。申报者在这部分其实要完成两个规定动作：其一是对以往的研究做一个高度概括的总结，主要内容是研究集中在哪里，哪里突破了，哪里没突破，研究主要使用的方法是什么，研究取得的卓越成就和存在的欠缺分别是什么。这部分可以对研究内容是否完整、是否深刻作出评价，也可以对研究方法是否单一、是否有缺陷作出评价，还可以对国内外研究的差距、差异作出评价，更可以指出研究历史中出现的不同阶段。但无论你评价的是什么，切记这部分要为你的问题和主题服务，也就是说，你对既往研究的评价要突出你的研究是建立在以往研究基础之上并且有所突破的。其二，对既往研究做完高度概括之后，还要对未来的研究方向做一个简单的展望，依旧是高度概括的。理论上展望也可以围绕研究内容、研究方法等方面，但是切记这部分也是为你的问题和主题服务的。

3. 一个修改的实例

文献综述经常出现的问题有：①层次不合理；②没能有组织、规范化地呈现主题；③字数不合理（字数一般控制在 2 000 字之内，也不能太少）；④表达不准确、精练。

修改前：

（二）国内外相关研究的学术史梳理及研究动态

"一带一路"倡议提出的时间很短，聚焦"一带一路"倡议与中国视角的国际投资规则创新的专门研究很少。不过，一般国际投资规则发展的研究和中国国际投资规则发展的研究可供借鉴。

1. 一般国际投资规则发展的研究（这个小标题存在两个问题：

①不是断言，即不是判断句，不包含作者的观点；②核心关键词是"规则"而非"规则创新"。此外，整段文字都没有扣在"创新"这个核心关键词上。）

学术史：**第一阶段（2000—2003 年）：国际投资规则的正当性危机是研究热点。**（主语仍然是国际投资规则，申报者没有交代正当性跟创新的关系是什么。）G. Van Harten、S. D. Franck、刘笋等研究了传统国际投资实体规则和投资仲裁的正当性危机。**第二阶段（2004—2009 年）：发达国家国际投资规则改革是研究热点。**（核心关键词是国际投资规则改革，申报者没有交代改革跟创新的关系是什么。）K. J. Vandevelde、余劲松等研究了美国、加拿大等发达国家双边投资条约范本的改革和实践。**第三阶段（2010 年至今）：区域、多边国际投资规则新发展是研究热点。**（核心关键词是国际投资规则新发展，申报者没有交代新发展跟创新的关系是什么。）J. E. Alvarez、A. Reinisch、张庆麟等研究了 EU、TPP、CETA、TTIP 等区域投资规则新发展和多边投资法院创新方案。

研究动态与不足：（1）国际投资规则改革一直是研究热点，实体规则平衡化和争端解决透明度成为主流共识；（2）偏重西方发达国家的投资保护范式及其改革实践、话语和范式；（3）忽视了"一带一路"倡议下广大发展中国家的发展需求，不能体现中国倡导的全球治理理念、方案和范式。（这段文字的好处在于作者使用了断言这种包含作者观点的表述方式，但是没有扣住主题——国际投资规则存在的问题和创新。）

2. 中国国际投资规则发展的研究（这个小标题存在两个问题：①不是断言，即不是判断句，不包含作者的观点；②核心关键词是"规则"而非"规则创新"。此外，整段文字都没有扣在"创新"上。）

学术史：**第一阶段（2004—2007 年），中国国际投资规**

则的阶段性演进是研究热点。（核心关键词是中国国际投资规则，申报者没有交代阶段性演进跟创新有什么关系。）蔡从燕、A. Berger 等研究了中国国际投资协定从保守、开放到平衡的阶段性演进。第二阶段（2008—2014 年），中国国际投资规则新发展是研究热点。（核心关键词是中国国际投资规则，申报者没有交代新发展跟创新有什么关系。）曾华群、沈伟、V. Bath 等研究了中国国际投资协定的高水平平衡化新发展。第三阶段（2015 年至今），"一带一路"倡议与国际投资规则研究开始出现。（核心关键词是国际投资规则，申报者没有交代"一带一路"跟创新有什么关系。）Jie（Jeanne）Huang 等研究了"一带一路"投资协定现状，王贵国、单文华、刘敬东、漆彤研究了"一带一路"争端解决机制构建。

研究动态与不足：（1）中国国际投资规则新发展是近年研究热点，高水平平衡化和可持续发展成为主流观点，但缺乏"一带一路"倡议的针对性；（2）"一带一路"国际投资规则研究刚刚开始，研究成果很少，内容宽泛而深度不够，现状研究较多而创新研究不足，简单重复研究较多而原创性研究不足；（3）囿于传统国际投资协定框架，忽视了"一带一路"倡议下独特的框架协议和软法研究；（4）基本是西方话语和范式的追随者，未能构建国际投资规则创新的中国方案和中国范式。（这段文字的好处在于作者使用了断言这种包含作者观点的表述方式，但是没有扣住主题——国际投资规则存在的问题和创新。）

在评论之前必须要指出的是，这是一份非常优秀的申报书初稿，申报者对文献的分析、理论的掌握都是十分到位的，即便如此，我们也能发现申报者在用文字表达自己的观点的时候还存在不足，没有实现最优化。现实中，很多申报书都达不到这份申报书的理论深度，原因是申报者理论底子太差，没有问题意识，根本没法修改。像这份申报书，理论上已经成熟，思考也很成熟，只是需要提升表达和呈现。我曾经写过一篇帖子《论申报书的不同成熟度：有些申报书得从"一只蝙蝠"讲起》，在文中，我曾经将申报书按照不同的成熟度分成了三个级别，本书中的申报书绝对是属于7～8分熟的。2～4分熟的申报书"无从下口"，改不了。

论申报书的不同成熟度：有些申报书得从"一只蝙蝠"讲起

　　我们先整体看一下这份申报书在文献综述部分存在哪些问题。

　　（1）字数整体偏少。这部分900字左右，即便把之前的引言算进去，整个选题依据才1 300多字。这是一份申报书中特别基础的部分，建议还是整体上控制在2 000字左右，也就是说这部分可以写得再丰满一点。

　　（2）这部分的层次不合理，没有扣住问题和主题。这部分文字的主语是"国际投资规则"，而我们要研究的是"国际投资规则创新"，申报者在文献综述中没有围绕问题和主题，反而扣住的是研究对象，这就是层次不合理。申报者应当在文献综述中描述的是学术界对国际投资规则创新研究都做了哪些事，没做哪些事，然后申报者要继续围绕国际投资规则创新做哪些事。核心关键词应该是国际投资规则创新，而不是国际投资规则。我们可以换位思考一下，评审专家在看到你的标题——《"一带一路"倡议下中国视角的国际投资规则创新研究》之后，希望在文献综述部分看到的是你对过去学术界关于**国际投资规则**研究的梳理还是关于**国际投资规则创新研究**的梳理呢？显然是后者，这就是我们说的层次不合理。

　　（3）申报者没有很好地扣住问题和主题，这是与上一个层次不合理的问题紧密相连的。作者阐述问题的角度应该与现有的国际投资规则存在的问题以及要努力实现"创新"紧密联系起来，也就是说，申报者的每一句话都要为这个目的服务。

申报者在国外学术史梳理部分指出了三个发展阶段：国际投资规则的正当性危机是研究重点，发达国家国际投资规则改革是研究重点，区域、多边国际投资规则新发展是研究重点。且不说正当性、改革和新发展的具体内容是什么，正当性跟创新有什么关系？改革和新发展跟创新有什么关系？我们不能脱离我们要做的事情（也就是创新），单独评价这规则如何，这样评审专家看不出你描述的事情（正当性、改革和新发展）和你要做的事情（创新）之间的关系。也可以说，申报者没扣住主题。

（4）使用了描述性表达而没有使用断言，看不出观点。第一个小标题为"一般国际投资规则发展的研究"，这种表述方式属于描述，而不是断言，看不出观点。申报者应当开宗明义点明×××是一般国际投资规则发展的特点或者一般国际投资规则发展呈现出×××的态势。要使用断言带出作者的观点，议论文的写作看的就是作者的观点，作者要时时刻刻提醒自己表达观点。"一般国际投资规则发展的研究"属于说明文的表达方式，在申报书中是不建议采取的，因为看不出具体内容。标题之所以是标题，就是能让人看出正文的主要内容和核心观点。

但是不得不说，这是一份很优秀的文献综述，它的五条线索（时间线索、空间线索、国别线索、作者线索、观点线索）齐全，只是表达和思维还有调整的空间。由于该申报书研究的方向与我的研究方向不一致，我的改写只针对它的逻辑和表达。具体内容方面，我用省略号代替，只是想让你看到一个思路。毕竟每个人的专业都不一样，内容这部分得申报者自己把握。而且字数方面我也不方便再增加，因为我没有那个实力，我只是将我看到的有问题的部分修改一下，呈现修改的过程和思路供你参考。

修改后：

（二）国内外相关研究的学术史梳理及研究动态

"一带一路"倡议提出的时间尚短，聚焦"一带一路"倡议与中国视角的国际投资规则创新的专门研究很少。不过，国外关于国际投资规则的创新研究和中国学者对国际投资规则的创新探讨可供借鉴。

1. 国外关于国际投资规则创新研究一直持续推进但总体仍属原有西方范式

学术史：第一阶段（2000—2003 年），现有国际投资规则的缺陷引发了学术界对于国际投资规则创新的研究，此时的研究切入点为"正当性"。G. Van. Harten、S. D. Franck、刘笋等研究了传统国际投资实体规则和投资仲裁的正当性危机。第二阶段（2004—2009 年），发达国家对国际投资规则创新研究的热度增加，其目的是实体规则平衡化和争端解决透明度。K. J. Vandevelde、余劲松等研究了美、加等发达国家双边投资条约范本的改革和实践。第三阶段（2010 年至今），国际投资规则创新发展体现在区域、多边国际投资规则变革和实践上。J. E. Alvarez、A. Reinisch、张庆麟等研究了 EU、TPP、CETA、TTIP 等区域投资规则新发展和多边投资法院创新方案。

研究动态与不足：（1）国际投资规则创新一直是研究热点，实体规则平衡化和争端解决透明度成为主流共识；（2）但是该种规则创新仍旧偏重美欧西方发达国家的投资保护范式及其改革实践、话语和范式；（3）该种规则创新忽视了"一带一路"倡议下广大发展中国家的发展需求，不能体现中国倡导的全球治理理念、方案和范式。

2. 中国国际投资规则创新发展仍未脱离西方范式，无法满足"一带一路"倡议和中国本土需求

学术史：第一阶段（2004—2007 年），中国国际投资规则创新研究的热点集中在阶段性上。蔡从燕、A. Berger 等研究了中国国际投资协定从保守、开放到平衡的阶段性演进。第二阶段（2008—2014 年），中国国际投资规则创新研究集中于高水平和平衡化发展上。曾华群、沈伟、V. Bath 等研究了中国国际投资协定的高水平平衡化新发展。第三阶段（2015 年至今），中国国际投资规则创新研究开始关注到了"一带一路"投资的特殊性。（请与原文做对比，感受哪一句更加扣题，更加清晰准确。）Jie（Jeanne）Huang 等研究了"一带一路"投资协定现状，王贵国、单文华、刘敬东、漆彤研究了"一带一路"争端解决机制构建。

研究动态与不足：（1）中国国际投资规则创新研究一直是近年研究热点，高水平平衡化和可持续发展成为主流观点，但缺乏针对"一带一路"倡议的专门研究；（2）"一带一路"国际投资规则研究刚刚开始，研究成果很少，内容宽泛而深度不够，现状研究较多而创新研究不足，简单重复研究较多而原创性研究不足；（3）囿于传统国际投资协定框架，而忽视了"一带一路"倡议下独特的框架协议和软法研究；（4）基本仍是美欧西方话语和范式的追随者，未能构建国际投资规则创新的中国方案和中国范式。

这样，我们就完成了一份申报书文献综述部分的修改，还是需要跟大家强调的是，请大家着重看修改思路，别太关注内容。一是已过数年，内容已经过时；二是因为我对这个问题也没有做过深入研究，只是就这份申报书谈修改而已。经过修改，我们会发现，申报书至少在以下方面有所改进。

（1）核心关键词都被调整成了"国际投资规则创新"，紧紧扣住我们要研究的主题，没有出现层次不合理的现象。

（2）表述有所强化，并且时刻为"国际投资规则创新"服务，让每一句话都发挥为主题服务的功能，比如"'一带一路'倡议与国际投资规则研究开始出现"被我们调整成"中国国际投资规则创新研究开始关注到了'一带一路'投资的特殊性"。不仅将叙述的主线拉回到了国际投资规则创新，还成功地将"一带一路"投资整合成国际投资规则创新的一个表现。而申报者在初稿中只是将"'一带一路'倡议与国际投资规则研究开始出现"这句话摆在这里，也不交代这句话和国际投资规则创新之间的关系，评审专家都不知道你要干什么，读到这里稍不留意就会忽略掉研究目的，还会认为表述离题万里。如果修改成"中国国际投资规则创新研究开始关注到了'一带一路'投资的特殊性"，评审专家就会觉得扣住了主题，而且将这个问题阐述得很清楚。在这里提醒一下，评审专家也是普通人，而且通常年纪也不轻了，阅读那么多申报书对于他们的视力和精力而言是很大的挑战（当年我请我们学院一位德高望重的老前辈帮我看申报书时，他老人家就是这么告诉我的）。你的申报书要让评审专家看得毫不费力，这样才能博得好感。因此，申报者写完一段文字之后，要从评审专家的角度看看自己能不能看懂这段文字，是不是毫不费力，只要存在别扭、不好懂的情况，申报者都要努力调整，不能把问题扔给评审专家。专家很忙，没这个义务和时间去努力理解难懂的文字。

（3）所有描述性的句子都被改成了判断句，也就是断言，这样能够清晰地传递出下文的核心观点，也能让评审专家轻松读懂，并且申报者也成功抓住了一个机会呈现自己的问题和主题。

（4）从我个人的写作习惯来说，我更愿意把两个学术动态融合并写在文献综述的结尾，对国内外的学术史进行整体梳理，再进行展望，让学术动态直接衔接自己要做的事情。但是我师兄这份申报书写得也很清楚，说明不整合也行，只要你站在评审专家的角度能看懂这份文献综述，把问题说得很清楚，把自己要研究的东西说得也很清楚就行，这就是所谓的文无定法。

2.3.3 学术价值和应用价值，相对于国家社科基金已立同类项目的新进展

1. 什么是学术价值和应用价值

在我们动笔写学术价值和应用价值这部分之前，我们需要明白这两个东西到底是什么，然后我们才会有思路。学术价值指的是你解决了要研究的问题，能给学术（理论）带来的贡献；应用价值是指你解决了要研究的问题，能给应用（实践）带来的好处。因此，从这个定义看上去，我们就能够知道学术价值和应用价值也必须围绕着"题"来写。很多申报者在撰写这个部分时出现的问题，是由还不了解什么是学术价值和应用价值就匆匆动笔造成的。给学术价值和应用价值下个定义，准确界定它的内涵和外延，申报者就好下笔了。此外，2021 年版国家社科基金申报书多了一项内容——相对于国家社科基金已立同类项目的新进展。这部分也是为了夯实之前大家所写的学术价值和应用价值的，说到底学术价值和应用价值就是研究的创新性问题。

2. 怎么写

1）学术价值和应用价值

每份申报书都有要解决的问题，在实际填写这部分的时候，申报者需要具体列出问题被解决之后在学术方面能带来的贡献（创新性）和在应用方面能带来的好处（创新性）。这部分不建

议长篇大论，简单列出几条就可以，一定要言简意赅，同时，条数也不建议过多，措辞要准确凝练。

2）相对于国家社科基金已立同类项目的新进展

在实际填写的时候，老师会抱怨说同类项目不知道怎么获得，所以也无从比较。这其实是一种误区。首先，国家社科基金的立项每年都会公示，你可以在网上轻松获取。其次，中国知网上有的检索的条目就是围绕基金项目名称设置的，你也可以通过这种检索的方式来确定有哪些同类研究项目。

同类项目的比对也是为了保证申报者的项目具有创新性，避免重复和近似研究。具体的写法还是围绕问题来写，阐述自己关注的问题、得出的结论、使用的方法、研究的范围等与之前项目的差异，以此来保证自己研究的创新性。

3. 一个修改的实例

我们还是接着用上文例子中的相应部分来呈现这部分容易出现的问题和修改的思路。因为这部分字数较少，一般不超过 500字，所以修改起来相对容易。只要你的思路是清晰的，将这部分调整到正确的轨道上来是很容易的事情。这部分容易出现的问题是脱离自己的观点谈意义和贡献，不围绕理论和实践，意义层次过高。

修改前：

1. 学术价值

（1）突破西方理念和西方范式，首次提出"国际投资规则创新的中国范式"的概念，将"一带一路"倡议下的国际投资"规则创新"提升到"范式创新"的高度，将投资保护与发展合作相结合，提出以"投资与发展合作"为核心的国际投资规则创新的中国理念、中国方案和中国范式。（表明理论价值和特别实际的学术贡献，但表达可以再清晰一些：

1. 突破了西方理念和西方范式；

2. 首次提出中国范式的概念；

3. "一带一路"背景下提升高度；

4. 明确了中国范式的核心是"投资与发展"。）

（2）挖掘"一带一路"倡议下具有中国特色的"投资与发展合作"软法规划范式。

（3）构建"一带一路"倡议下具有中国特色的"投资与发展合作"硬法协定范式。

（这两条写得不好，没有体现出价值，只是把内容摆在那里，让评审专家琢磨价值。这是一种"耍大牌"的写法。）

2. 应用价值

（1）提出"一带一路"倡议下国际投资规则创新的中国方案和中国范式，帮助中国掌握国际投资规则制定话语权和引领全球投资治理新发展。

（2）拟定"投资与发展合作"软法规划范本，为政府部门制定"一带一路"国际投资规划提供建议。

（3）拟定"投资与发展合作"硬法协定范本，为政府部门谈判"一带一路"国际投资协定提供建议。

［这三条全部是务虚的，离要表达的主题太远了，而且主题不突出。应当由近到远地写，直接切中要害：

1. 扭转我国的被动局面（务实）

2. 取得规则制定的话语权（务实）

3. 为政府投资协议谈判提供建议（务虚）

4. 为政府"一带一路"投资规划提供参考（务虚）

5. 让中国而不是美国引领国际投资治理新发展（务虚）］

我们来看这部分存在哪些问题：

首先，作者用了特别复杂的句子，没有条分缕析地把贡献直接点明，比如学术价值的第一条——突破西方理念和西方范式，首次提出"国际投资规则创新的中国范式"的概念，将"一带一路"倡议下的国际投资"规则创新"提升到"范式创新"的高度，将投资保护与发展合作相结合，提出以"投资与发展合作"为核心的国际投资规则创新的中国理念、中国方案和中国范式。这里面包含了特别多的信息，至少可以被拆成四条：①突破了西方理念和西方范式；②首次提出中国范式的概念；③"一带一路"背景下提升高度；④明确了中国范式的核心是"投资与发展"。这四条是不是都要写上去，我们后续再说，本处就是指明，不要用这么复杂的句子，将这么多信息放在一起，要分条呈现，否则看起来一点都不清爽。

其次，作者用了"耍大牌"的写法，没有围绕问题的解决谈自己的贡献，而是单纯地把自己的研究内容写上去，至于有没有学术价值，评审专家需要自行判断。比如学术价值的第（2）（3）条——挖掘"一带一路"倡议下具有中国特色的"投资与发展合作"软法规划范式。构建"一带一路"倡议下具有中国特色的"投资与发展合作"硬法协定范式。请读者仔细阅读一下，这能体现价值吗？这无非就是作者要做的事情。但是评审专家要看的可不是这个，他们要看的是你挖掘或者构建的东西能给学术带来啥好处，也就是价值。但是实践中，不少申报者只写自己要做什么，不写干了这个事的好处是什么。这也是写得不到位的一种表现，说到底就是没扣住"题"来写。

最后，意义层面太高，有点虚。这也是申报者经常出现的问题，因为一谈到价值、意义的时候，人们不自主地要升华，但是一升华就容易务虚，进而导致脱离实际。我们来看一下这三条应用价值：

（1）提出"一带一路"倡议下国际投资规则创新的中国方案和中国范式，帮助中国掌握国际投资规则制定话语权和引领全球投资治理新发展。

（2）拟定"投资与发展合作"软法规划范本，为政府部门制定"一带一路"国际投资规划提供建议。

（3）拟定"投资与发展合作"硬法协定范本，为政府部门谈判"一带一路"国际投资协定提供建议。

这三条都是务虚的，没有写出实实在在的贡献，这部分要将务实和务虚结合起来，并且由近及远地写出来，这样也符合逻辑。

修改后：

1. 学术价值

（1）首次在"一带一路"背景下提出中国范式的概念；

（2）明确中国范式的核心是"投资与发展"，进而突破了以"自由和法治"为核心的西方范式；

（3）为软法规划和硬法协定提供理论支撑。

2. 应用价值

（1）扭转我国的被动局面，取得国际投资规则制定的话语权；

（2）为政府投资协议谈判和"一带一路"投资规划提供参考；

（3）使中国引领国际投资治理新发展。

这样，我们就能保证对学术价值和应用价值的撰写能扣住问题和主题，条理清晰、简明扼要、虚实结合，既避免了层面过高带来的距离感，又避免层面太低而导致意义升华不够。

2.4 "研究内容"模块

本节中，我们要对申报书正文的第二部分"研究内容"模块进行分析，这部分主要包括研究对象、框架思路、重点难点、主要目标、研究计划、可行性等内容。2020 年及此前的国家社科基金申报书将该部分拆成研究内容和思路方法两个模块，2021 年版国家社科基金申报书将这两部分进行了整合，统一为研究内容，同时把相关内容进行了删减。本节主要分析三个内容：研究对象、框架思路、重点难点。

2.4.1 研究对象

1. 要求是什么

我们在标题的部分已经提及研究对象并且进行了解释，本部分要求申报者指出具体要解决研究对象的什么问题，说明它的内涵和外延。说到这，你是不是觉得申报书中这个研究对象和我们在标题里说的研究对象不是一个概念？本部分的研究对象更像是标题里研究对象、研究问题和主题的集合，因此也有人对申报书中的研究对象做出如下描述："研究对象与课题名称具有高度的一致性，研究对象就是课题名称的扩展版，也就是说在正文的部分给申报者一个机会进一步解释一下课题名称里的关键词。如果课题名称是由 20 ～ 30 字构成的话，这部分可以用 50 字左右对课题名称中所列出来的那个主要对象进行更加详细的解释。"这样理解其实也可以，但更为标准的界定是申报书中研究内容模块的研究对象部分其实是想让申报者再一次明确你想围绕研究对象（标题里的研究对象）做什么事情，以及这些事情包括几个层面。

2. 怎么写

1）尽量确定一个研究对象

很多学者认为研究对象必须具有唯一性，不建议列两个以上的研究对象。原因之一就是很多专家认为一个项目申报代表着一项研究，一项研究解决一个问题就可以了。两个研究对象就势必关乎一个复杂问题的解决，它非常考验申报者的能力，很多评议人会担心当一个项目存在两个研究对象时，申报人没办法完成。还有一种担心，也有可能是一种偏见，即两个以上的研究对象，会让别人误以为你想要脚踩两只船，从侧面也反映出你的研究不太聚焦。这部分仁者见仁，智者见智，但我个人还是建议申报者尽量聚焦在一个研究对象上。我曾经看到过一份申报书，它在研究对象部分是这样写的——本研究的对象有两个：①预期进入或正在进行"链式迁移"的农民工家庭及成员。主要研究农民工家庭及其成员迁移在时间维度上的迁移决策及迁移行为；②准备接纳农民工家庭落户的城市。主要研究"链式迁移"不同阶段的城市接纳方式（涉及接收家庭及其成员、社会制度结构、社区特征和自然环境等方面）。其实申报者写得挺清楚的，但是把两个研究对象放在这里，你就会觉得研究内容特别特别多，进而你就会再想，一个普通的国家社科基金项目能不能支撑这样的研究。

建议开门见山地写出本课题的研究对象是什么。直接说明研究对象的名称，使用带有修饰成分的短语也是可以被接受的。

2）对研究对象的表述必须要非常准确

对研究对象的表述不能太含糊，一定要准确。以我在 2016

年申报的国家社科基金课题《〈涉外民事关系法律适用法〉实施中最密切联系原则的司法可控性研究》为例，研究对象是最密切联系原则，只不过将它放在《涉外民事关系法律适用法》实施过程中进行研究，并且只研究最密切联系原则的灵活性怎么控制的问题。在"研究内容"模块，不能说我的研究对象是《涉外民事关系法律适用法》，那样太大；也不能说我的研究对象是司法可控性，那样太小。因此，从这个角度看，正文这部分的研究对象实则就是标题中的研究对象、研究问题和研究主题。

　　有一份申报书，对研究对象的表述干净利索：本课题的研究对象为维护国家经济安全的涉外管辖权扩张，包括健全、扩张我国涉外经济管辖权的理论基础、管辖方式及其国际法依据。其实大家可以参考以下模式来撰写研究对象："本课题的研究对象为……具体来看，它具体包括……"但是文无定法，这里只是提供一个参考，具体写法请大家结合自己的学科自行确定。但是要记住，这里面"具体看来"或者"具体包括"的方面不宜太多，有两三点就可以了。我们来看一个写得十分清楚的例子：本课题主要致力于侵权财产损害赔偿范围的研究，亦即侵权财产损害赔偿的体系建构问题。以此问题为中心，前溯与"损害本体论"相联系，后延与损害的计算相链接。这份申报书的标题是《侵权财产损害赔偿的"边"与"界"》，结合这个标题，请大家体会作者是怎样把研究对象准确地描述出来的。

　　其实上文"链式迁移"的两个研究对象也可以整合成一个，比如：本课题研究对象主要是"链式迁移"农民工家庭的迁出与接纳。前者包含预期进入或正在进行"链式迁移"的农民工家庭及成员，主要研究农民工家庭及其成员迁移在时间维度上的迁移决策及迁移行为；后者包含准备接纳农民工家庭落户的城市，主要研究"链式迁移"不同阶段的城市接纳方式（涉及接收家庭及其成员、社会制度结构、社区特征和自然环境等方面）。这样看起来是不是就工整了一些？你可以试试如何把这个研究对象改写得更为贴切、完整。

在这部分，我们应该力图做到仅凭一两句话就把研究对象表述出来，使评审专家一目了然。很多人怕四五十个字解释不清楚自己的研究对象，总想着要把研究对象用四五百个字说清楚，我个人觉得这大可不必，如果非要坚持这么做，还有可能适得其反。因为评审专家会觉得你写研究对象都需要这么大篇幅，那么你的语言功底可能是有问题的。

3. 一个修改的实例

实例中的研究对象就写偏了，写成研究思路了。在这里必须强调一下，后文还有研究思路的部分，在这里提前写了，后面就没法写了。在研究对象这个部分只写研究对象是什么，你要围绕研究对象做哪些方面的事或者从哪些方面确定这个研究对象，这也是我们上文说的扣住"主题"。

修改前：

本课题研究对象是"一带一路"倡议下中国视角的国际投资规则范式创新：立足"一带一路"倡议的现实需求和全球治理的中国理念，挖掘引资发展和投资规则的中国经验和智慧，比较借鉴美欧和巴西的国际投资规则范式，构建以"投资与发展合作"为核心的国际投资规则创新的中国范式。（严格意义上来讲，这是研究思路，不是研究对象的具体内容。请读者留意一下，后文展示的该实例研究思路部分内容，会跟这个部分有重合，这也是我们容易出错的地方。）

修改后：

本课题的研究对象是"国际投资规则创新"，具体包含：（1）根据"一带一路"倡议的现实需求来考察国际投资规则创新的主要内容。（扣住研究者的"一带一路"的主题。）（2）确定国际投资规则创新的"投资＋发展"的主要精神内核。（揭示创新的具体内容是"投资＋发展"也扣住了主题。）（3）体现中国及发展中国家关于国际投资规则创新的经验和智慧。（扣住了中国视角，也扣住了主题。）

相较之下，我们就能发现，修改后的（1）（2）（3）是国际投资规则创新的具体内容，是包含在研究对象之中的，并且也结合了作者要研究的问题和主题。而修改之前的表述——立足"一带一路"倡议的现实需求和全球治理的中国理念，挖掘引资发展和投资规则的中国经验和智慧，比较借鉴欧美和巴西的国际投资规则范式，构建以"投资与发展合作"为核心的国际投资规则创新的中国范式，不是研究对象"国际投资规则创新"的内容，而是申报者想要怎么做，是围绕国际投资规则创新的具体做法，尤其是"比较借鉴欧美和巴西的国际投资规则范式"，这是典型的具体做法，而不是国际投资规则创新的内容。

2.4.2　框架思路

其实框架思路有两个部分——研究框架和研究思路。我个人习惯将研究思路放在前面，研究框架放在后面。研究思路和研究框架都是为了向评审专家说明你是怎样解决你所提出的问题的，你可以把它理解成一个从"问题"到"主题（结论）"的路线图。在这个路线图当中，研究思路是偏宏观的，向评审专家总体描述你想怎样解决这个问题。研究框架是偏微观的，向评审专家介绍一下怎样具体落实研究思路。但是不管怎样，请申报人记住思路和框架就是从"问题"到"主题结论"的路线图。这也扣住了我们本章的主题——国家社科基金申报书的每一个部分都是由"题"串起来的。

1. 研究思路

我们已经描述了研究思路的具体内涵，那研究思路要怎么写呢？我个人理解的研究思路就是要求申报者基于**"用什么样的方法""完成什么样的任务""设置什么内容""达成什么目标"**这四个要素来解释你是怎样完成从"问题"到"主题"这个路线图的。当然，申报者不必固守这四个要素，你可以从中筛选你需要的，并且增加其他你认为必要的要素。总之，你要告诉评审专家，你是怎样完成这幅路线图的。我们先看一个范例，然后尽量去修改一下，不见得是最优化的，但我们争取让这部分的表述更清晰一些，同时也呈现一个修改的思路供大家参考！

修改前：

研究思路：以共商共建共享、互利共赢、人类命运共同体等全球治理新理念为指导（主导思想，其实申报者在这里想体现的是"一带一路"的理念），比较借鉴欧美"促进与保护投资协定"范式和巴西"投资合作与便利化协定"范式（研究方法），构建以"投资与发展合作"为核心的国际投资规则创新的中国范式（研究目标）。

这部分研究思路和上文的研究对象有一些内容是重合的，请大家再比较一下。我们回到研究思路的写作上来，其实这个研究思路写得还是可以的，只不过还存在优化的空间。实例中有些东西没有强调出来,有些东西又没有扣住主题。我们尝试修改一下,看看效果会不会好一点。当然,"文章不厌百回修",每一次修改都会带来新的提升,这里只是展示一个修改的思路,供大家参考。

修改后:

从"一带一路"倡议倡导的"共商共建共享、互利共赢、人类命运共同体"等全球治理新理念出发(阐明理念,并且扣住"一带一路"这个切入点),比较借鉴欧美"促进与保护投资协定"范式和巴西"投资合作与便利化协定"范式(研究方法和研究内容),揭示西方范式的不足以及包含中国在内的发展中国家对国际投资规则创新的需求(研究内容和研究任务),构建以"投资与发展合作"为核心的国际投资规则创新的中国范式(研究目标)。

你也可以尝试对这段文字进行修改,看看能不能形成一个更优化的版本。但不管怎样,我们已经能看出来,研究思路是一个高度概括的东西,它是一个从"问题"到"主题(结论)"的路线图,是申报者通过描述其所使用的方法、研究的内容、完成的任务、达成的目标来说明这幅路线图是怎样被描绘出来的。在路线图的指引下,我们下一步就可以具体设计研究框架了,这是对路线图的各个部分的落实。

2. 研究框架

我们之前提及过,研究框架和研究思路是相关的,它们都是表明研究者要怎样实现从"问题"到"主题(结论)"的路线图,只不过研究思路是偏宏观层面的,高度精练概括,而研究框架是微观层面的,要体现具体怎样落实研究思路。尽管 2021 年国家社科基金要求将这部分略写,但也需要占有一定的篇幅,因为这也是申报书的一个非常重要的部分,建议撰写字数为 1 500 ～ 2 000 字。

　　首先，研究框架要阐述主题。我们从标题开始就一直强调，申报人要在各个部分中阐述主题和问题，不要停留在别的层次，也不要把不重要的线索拿出来，一定要扣住我们的问题和主题。写研究框架时容易出现的误区就是把书的体系放进去。我看了好多申报书，可能申报人最后是想用专著结项，就在填写研究框架的时候把书的体系放进去了。书的体系和研究框架是有出入的，书的体系只是佐证你这个申报书当中的研究框架，而且有些书是按照说明文的体例写成的，而研究框架是议论文体例，需要按照提出问题、分析问题、解决问题的思路去写，你要说明"提出了什么问题，分析了什么问题，解决了什么问题"。

　　还记得这张图吗？它告诉我们国家社科基金的整个研究过程就是将知识体系变成知识图谱的过程，作为呈现研究具体内容的研究框架需要体现知识图谱，而不是知识体系（见图 2-4）。

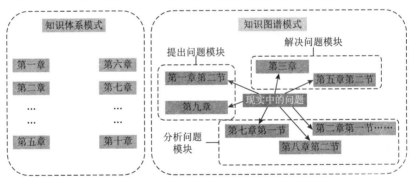

图 2-4　知识体系和知识图谱的区别

　　其次，在撰写研究框架的时候，要撰写到主题的层面，也就是说要使用断言传递作者的观点，而不能简单地使用一个说明或描述的句子，这样看不到作者的核心观点。具体说来可以表达成：

　　提出问题—表达主题（观点）：你认为 ××× 是个问题。

　　分析问题—表达主题（观点）：你认为 ××× 是这个问题

的原因。

解决问题—表达主题（观点）：你认为×××是这个问题的解决方案。

也就是说在每一个部分，无论是提出、分析还是解决问题，都要强调出×××这个核心内容，也就是申报者的观点，即主题。此外，我们需要强化的是分析问题这个环节。其实研究思路具体就是在问题和主题（结论）既定的情况下突出如何从问题到主题（结论），而从问题到主题（结论）最为重要的就是分析问题这个环节，申报者要详细分解这个环节，告诉大家我是怎么做的。如果说还有什么需要注意的，那就是注意你的用词，每个词汇都代表不同内涵，因此也就具有了不同的表达的力量。

修改前：

（二）总体框架

1."一带一路"倡议下中国视角的国际投资规则范式创新的现实需求（提出问题的部分。"现实需求"可以改成"迫切需求"，这样会给人紧迫感。请读者体会文字变化给表述带来的影响。）

（1）加强基础设施投资和国有企业投资保护；（2）切实促进发展中国家的发展；（3）彰显全球治理的中国理念；（4）现有投资规则的局限（西方范式的局限；巴西范式的局限；中国投资规则的局限）。

（这部分写作有几个问题：

①太简练了，每点都只有一句话，导致这段文字整体只有700多字，字数不够；

②思路是不对的，要先说现有投资规则在"一带一路"倡议下以及中国视角下带来了哪些问题，而不是要说一些加强……保护、促进……发展、彰显……理念这种意义类的空话，要把西方

投资规则给我们带来的"麻烦"是什么说出来；

③这部分和下一部分"理念阐释"有重叠、交叉和粘连，也说明在这个部分不能交代这些内容。）

2."一带一路"倡议下中国视角的国际投资规则范式创新的理念阐释（分析问题部分。作者在这部分是想说"一带一路"倡议下中国视角的国际投资规则与西方的投资规则在理念上是不同的，也为了说明我们要另起炉灶，另创一套规则的原因。这部分存在的问题是，"理念阐释"这个表达没有扣题，需要评审专家自己琢磨这跟破除西方范式的关系。）

（1）西方理念的局限（偏重自由市场意识形态）；（2）国际经济新秩序理念的局限（偏重国家主义）；（3）中国理念的创新（市场和政府有效结合的理念，创新、协调、绿色、开放、共享的发展理念，共商共建共享的全球治理理念，新时代的中国国际发展合作观等）。

3."一带一路"倡议下中国视角的国际投资规则范式创新的理论证成（这也是分析问题部分。作者想在这部分说明从理论上也能证明"一带一路"倡议下中国视角的国际投资规则创新是成立的。与上一段存在同样的问题，"理论证成"这一表达不扣题，不能让评审专家一眼就看出申报者在分析问题并赞同其分析。）

（1）现实主义的权力变量；（2）新自由制度主义的制度变量；（3）建构主义的观念变量；（4）自由主义的偏好变量；（5）制度变迁的路径依赖理论。

4."一带一路"倡议下中国视角的"投资与发展合作"软法规划范式。（严格意义上这是解决问题的部分。问题就是与后文第6小节"实施路径"是什么关系？我们在"实施路径"中可以看到软法和硬法结合，那么把这两部分单独列出来是什么意思？与下文怎么协调？）

（1）法律形式（框架协议；软法）；（2）主要内容（投资准入；投资项目；投资合作；发展合作）。

5."一带一路"倡议下中国视角的"投资与发展合作"硬法协定范式。（严格意义上这是解决问题的部分。问题同第 4 小节的问题。）

（1）序言（突出投资与发展合作）；（2）投资和投资者定义（基础设施投资、国有企业）；（3）投资准入（逐步自由化、政府推动）；（4）投资保护（进一步澄清和限定）；（5）例外条款和东道国规制权；（6）环境、劳工、企业社会责任（强调对话与合作）；（7）投资促进、便利化、合作与发展（注重投资与发展合作）；（8）投资争端（预防、调解、仲裁与上诉结合）。

6."一带一路"倡议下中国视角的国际投资规则范式创新的实施路径。（这是结论，解决问题部分，一共有四种路径。）

（1）投资与发展合作结合；（2）软法和硬法结合；（3）母国、东道国、投资者和利害相关者结合；（4）单双边、区域、诸边、多边结合。

修改后：

1.西方国际投资规则对"一带一路"倡议下中国及相关发展中国家投资活动带来的挑战

（1）西方国际投资规则是"一带一路"倡议下中国及相关发展中国家在国际投资活动中依据的主要规则体系。（本部分主要采用投资协定文本研究和实证研究方法。）

（2）西方国际投资规则给"一带一路"倡议下中国及相关国家的国际投资活动带来了很大的困扰和不便利，具体表现：（1）谈判重点内容偏移；（2）核心关注点的错位；（3）争议频繁发生；（4）投资活动无法顺利展开。（本部分主要采用实证研究方法，展开调查呈现数据。）

（3）"一带一路"倡议沿线国家对目前西方主导的国际投资规则有强烈的变革需求。

2. "一带一路"倡议下中国视角的国际投资活动要求突破西方国际投资规则范式实现规则创新

（1）西方国际投资规则范式在理念上已经不能契合"一带一路"倡议的理念。

西方范式的理念偏重自由市场意识形态，其构建的国际经济新秩序理念偏重国家主义。而中国理念及"一带一路"倡议倡导的理念包括市场和政府有效结合的理念，创新、协调、绿色、开放、共享的发展理念，共商共建共享、开放包容、互利共赢、人类命运共同体的全球治理理念，新型国际发展合作观等，西方国际投资规则已经不能满足"一带一路"倡议的需求。

（2）西方国际投资规则范式的核心在于强调"自由市场和法治"，无法满足"一带一路"沿线国家的实际需求。

"一带一路"沿线国家多是政治不稳定、社会不稳定的发展中国家，面临发展和引资困境。西方国际投资规则范式片面强调自由市场和法治，无法有效解决广大发展中国家的发展和引资困境。按照西方范式签署的中国"一带一路"投资协定大多不能充分保护我国海外投资，不能充分满足广大发展中国家的发展需求，不能充分体现全球治理的中国理念和中国方案。（本部分主要采用比较研究、文本研究、实证研究。）

3. "一带一路"倡议下中国视角的国际投资规则范式创新的理论支撑

（1）现实主义的权力变量；

（2）新自由制度主义的制度变量；

（3）建构主义的观念变量；

（4）自由主义的偏好变量；

（5）制度变迁的路径依赖理论。

（本部分主要采用的是跨学科研究方法。）

4."一带一路"倡议下中国视角的国际投资规则范式创新的实施路径

（1）确定国际投资规则范式创新的"投资与发展"相结合的核心内容，突破西方"自由市场和法治"的偏重国家主义、自由市场的范式特征。

（2）软法和硬法结合，重塑"一带一路"倡议下中国视角的"投资与发展合作"软法规划范式和硬法协定范式。

（3）母国、东道国、投资者和利害相关者结合突破西方范式中强调发达经济体的单边保护思维。

（4）实现单双边、区域、诸边、多边相结合，构筑"一带一路"倡议下中国视角的国际投资规则创新体系。

这样我们就将这份申报书中的研究框架修改完毕，还是要指出，不要过度关注这部分所涉及的专业内容，把注意力放在修改的思路上。经过我们的修改之后，目前的研究框架呈现了四部分内容，这四部分内容层层递进。第一部分是提出问题，指出现有的西方国际投资规则是全球国际投资活动的主要依据，在"一带一路"倡议之下，中国及相关国家也要依据西方的国际投资规则来开展国际投资活动。但是"一带一路"沿线国家，尤其是中国使用西方的国际投资规则会给"一带一路"倡议下的国际投资活动带来很大的困扰和麻烦，致使投资活动无法顺利展开，进而阻碍了"一带一路"倡议的实施，这就完成了提出问题的部分。在第二部分，我们承接第一部分，指出"一带一路"沿线国家，尤其是中国有着突破西方国际投资规则体系的迫切愿望和需求，即对第一部分提出的西方国际投资规则存在的局限性进行的进一步分析，这种分析是现实维度上的，因此使用的方法也多是文本分析、实证研究和比较研究。"一带一路"沿线国家，尤其是中国想要突破西方国际投资规则体系，主要有两方面的原因：其一是西方规则体系整体的理念（自由主义和国家主义）与"一带一路"倡议主导的理念（共商共建共享、合作发展、人类命运共同体）是不相符的；其二是西方规则体系的核心内容是自由市场和法治，与"一带一路"沿线国家的引资和发展需求是不相符的。这也为后文的研究埋下了伏笔，中国要想实现国际投资规则的创新，就必须从上述两个方面进行变革。第三部分更进一步，从多学科的角度去分析中国以及"一带一路"沿线国家对西方国际投资规则体系进行创新性突破的理论支撑。这部分是整个研究最为重要的理论基础部分，不难看出，第三部分的分析比第二部分又深了一层。这部分非常考验申报者的学术功底，申报者在这里主要使用了跨学科的研究方法，运用法经济学、国际关系与国际法等跨学科研究方法，解释"一带一路"倡议下"投资与发展合作"范式创新的因果机理。第四部分就是我们的结论部分，经过第二部分和第三部分的分析，申报者需要指出"一带一路"倡议下中国视角的国际投资规则范式创新的实施路径是什么，因此申报者也十分明确地在这里指出了四个方面的路径。沿着提出问题、分析问题、解决问题的思路，研究框架就完成了。

我还见过另外一种研究框架的设计思路，它并不是以提出问题、分析问题和解决问题作为主线索，而是以实际的研究步骤结合研究方法列明的，大致的思路如下：

文献梳理—实证研究—比较研究—……—……—模式构建

我们很容易从这个结构发现中申报者是以研究步骤结合研究方法的方式来设计研究框架的，这种方式也未尝不可，它能很清晰地向评审专家说明工作步骤，基本上也符合我们上文所说的观点——研究框架是对研究思路的落实，就是一个从"问题"到"主题（结论）"的路线图，从这个结构来看，路线图的意味更加浓厚一些。但需要指出的是，即便是这种撰写的方式，也是体现了问题和主题的。文献梳理的目的就是提出问题，实证研究和比较研究这两种研究方式主要是为了呈现问题或者是分析问题，模式构建其实就是解决问题的部分。很多做实证研究、定量研究的申报者，可能更喜欢这种方式，而上一种方式更会受到定性研究申报者的喜欢。总之，文无定法，但不管你使用哪种撰写的方式，其实研究框架都是从"问题"到"主题"的研究过程。在这个研究过程中对问题的揭示不能少，对问题的分析不能少，分析问题使用的方法和步骤不能少，结论更是不可或缺的，就看申报者喜欢什么样的展现方式，以及研究内容更适合用什么样的方式呈现。我们的目的只有一个——让评审专家看懂，而且是能清晰、明确、愉悦地看懂。

2.4.3　重点难点

首先，我们要区分什么是重点，什么是难点。很多时候申报者还没有弄清楚两者的区别就开始写作，呈现的效果也就一般。一般而言重点是相对于整个研究来说的，所谓的重点就是在整个研究中占有非常核心、重要地位的部分，也就是说，重点是由其地位决定的。难点是相对于研究的实际工作来说的，相对于目前的研究现状和能力，完成难点部分的工作相对困难，有点挑战性。也就是说，难点是由其完成的困难程度决定的。

其次，重点和难点的关系有三种：第一种是难点是难点，重点是重点，两者是截然分开的；第二种是难点和重点有交叉和重合，也就是有一部分难点也是重点，有一部分重点也是难点；第三种情况比较少见，难点和重点完全重合。

最后，我们需要明确的是，申报书之所以要求申报者明确重点与难点，是因为两者都能够彰显研究的价值。只不过重点是通过其在整个研究以及研究所处的领域当中的地位来彰显研究的价值；难点是通过其在实践中落实的难度系数较高，对研究人员的研究能力要求较高来彰显我们的价值。

我们先来看一份将重点和难点写得比较清楚的申报书选段：

> 本课题的重点是在"责任构成论"之外，根据我国立法与司法实践，集中探讨侵权损害赔偿范围的边界问题。本课题的难点有二：一是由于研究的对象司法判例过多，如何在众多的司法判例中抽象出侵权财产损害赔偿的实际运行机制及理论，较为困难。二是本课题研究虽然针对"损害赔偿"，但与"侵权责任构成论"紧密相连，特别是影响损害赔偿范围的因素，如因果关系、过错等，同时是责任成立的构成要素。研究中，要在保持概念的一致性的同时清晰地区分其功能差异性。

该申报书的题目是《侵权财产损害赔偿的"边"与"界"》，侵权损害赔偿的范围肯定是研究的重中之重。申报者也指出了研究中的两项实际困难，一项是研究对象司法判例过多导致的，另一项是错综复杂概念的梳理带来的。这两项都是实际研究中需要克服的困难。更为难得的是申报者向评审专家解释了为什么这两项是难点，具体原因都是什么。

我们再来看一份需要调整的实例：

（三）重点难点

1. "一带一路"倡议下国际投资规则创新的中国范式的理念阐释。"一带一路"倡议下的国际投资规则创新的中国范式蕴含了全球治理的中国理念，超越了西方国际投资规则范式的片面自由市场理念。（请大家留意，即便对中国范式理念的阐释是重点，后面申报者应该继续论证这为什么是个重点，而不是解释中国范式蕴含了中国理念，超越了西方范式的片面自由市场理念。要证明而不要描述。以下各条均存在这样的问题。）

2."一带一路"倡议下中国视角的国际投资规则范式创新的理论证成。从现实主义、新自由制度主义、建构主义、自由主义、路径依赖理论，证成国际投资规则范式创新的因果机理。

3."一带一路"倡议下中国视角的"投资与发展合作"软法规划范式创新研究。挖掘和阐释"一带一路"倡议下一系列产能与投资合作等框架协议和软法文件所包含的国际投资规则范式创新。

4."一带一路"倡议下中国视角的"投资与发展合作"硬法协定范式创新研究。西方"促进与保护投资协定"范式偏重投资保护，巴西"投资合作与便利化协定"范式过分削弱了投资保护，中国应提出自己的"投资与发展合作协定"范式。

5."一带一路"倡议下中国视角的国际投资规则范式创新的实施路径研究。借助"一带一路"倡议和其他双多边及区域和诸边平台，采取硬法和软法等各种形式，打造和推广国际投资规则创新的中国范式。

严格意义上来说，这份申报书的重点和难点写偏了，它有点像是研究内容的罗列。申报者在这里犯了三个错误：①没有区分重点和难点；②只是把研究内容罗列出来，没有站在评审专家的角度对重点和难点进行解释和说明；③思路出错。我们试着修改一下，同样，请关注修改的思路，而不是看修改的实质内容是否符合该学科发展的规律。

修改后：

本研究的重点在于在"一带一路"倡议下中国视角的国际投资规则创新。本研究的难点有两个：其一，本研究要对国际范围内的国际投资协定进行比较分析，涉及的协定数量庞大，工作难度较高。其二，本研究需要总结、提炼国际投资规则中国范式并将其融入软法和硬法规范之中，涉及跨学科研究，工作难度较高。

经过修改，我们不仅将重点和难点进行了准确区分，还向评审专家说明了它们为什么是重点和难点，这样就将作者跑偏的思路拽回到正常的道路上。

2.5 其他部分的撰写

从理论上讲，在介绍完选题依据和研究内容之后，申报书还有三个模块，分别是创新之处、预期成果和参考文献。申报书中的选题依据和研究内容是最为重要的模块，要占到整个申报书的5/7甚至更多，其余的模块比如成果的形式、使用去向和预期的社会收益，需要申报者结合自身的研究偏好和研究需要来确定，而且理论性也不是很强，跟本书所要讨论的主题相关性不大，本书就不再讨论这些部分的写法。在创新之处模块和参考文献模块当中，有些内容笔者已经反复强调过了，所以不打算过多讲解。但是还有三个部分需要讲解，一是研究方法，二是参考文献，三是前期研究成果。上述三个部分跟我们的研究有最直接的关系，虽然这些不是评审专家考察的重点，但是写得过于敷衍和杂乱，还是容易给评审专家留下不好的印象。

2.5.1　研究方法

我们先界定一下研究方法，它是指解决研究中所提出的问题，达到预期的研究结论所必需的方法。也就是说研究方法必须对问题的解决和结论的得出有帮助。从这一点看，研究方法也必须要扣住我们的问题和主题。这部分撰写常见的错误是，申报者写到这里的时候基本上已经非常疲劳了，而且自认为研究方法不太重要，于是撰写时并不深思熟虑，甚至直接复制网上的相关内容。但是有经验的评审专家还是要看这个部分的，他们要看一下你的方法论是否能够支撑起你的研究。

研究方法是人们在从事科学研究过程中不断总结、提炼出来的。因为人们认识问题的角度、研究对象的复杂性等因素，并且研究方法本身又处在一个不断相互影响、相互结合、相互转化的动态发展过程中，所以学界对于研究方法的分类很难有一个完全统一的认识，我们常用的研究方法一般包括文献调查法、观察法、思辨法、文献研究法、实证研究法、定性分析法、定量分析法、行为研究法、历史研究法、概念分析法、比较研究法等。我们简单介绍几个出现频率较高的研究方法。

1. 调查法

调查法是科学研究中最常用的方法之一。它是有目的、有计划、有系统地搜集有关研究对象现实状况或历史状况的材料的方法。调查法是科学研究中常用的基本研究方法，它综合运用历史法、观察法等方法以及谈话、问卷、个案研究、测验等科学方式，对研究对象进行有计划的、周密的和系统的了解，并对调查搜集到的大量资料进行分析、综合、比较、归纳，从而为人们提供规律性的知识。这是一种社会科学常用的方法，因为研究中的很多数据、信息需要从实践中获得，所以这种方法在国家社科基金申报书中出现的频率还是挺高的。调查法还可以根据具体调查的对象、范围、方式继续细分，如问卷调查、田野调查等，但终归都属于调查法的范畴。

2. 文献研究法

文献研究法是根据一定的研究目的或课题，通过调查文献来获得资料，从而全面地、正确地了解和掌握所要研究的问题的一种方法。文献研究法被广泛用于各种学科研究中。其作用有：（1）能了解有关问题的历史和现状，帮助确定研究课题；（2）能形成关于研究对象的一般印象，有助于观察和访问；（3）能得到相互关联和形成比较关系的资料；（4）有助于了解事物的全貌。其实任何学术研究都离不开文献的阅读和整理，文献研究法是我看过的申报书当中出现频次最多的研究方法，这也说明了我们的研究其实都是需要文献支撑的。但是有很多学者认为文献研究法具有特定的含义。目前学术研究对于文献研究法的理解过于泛化，如果专门是指通过阅读文献来获得需要的信息从而开展学术研究的话，这就属于普通的文献阅读，根本上升不到研究方法。如果是考古或历史专业的学者，他们需要通过研究文献来获取相关的证据、素材，对过往的一些事实进行考证，那么他们运用的研究方法属于文献研究法。国家社科基金倒是对这个问题没有太多的界定和讨论，因此也没有形成共识。

3. 实证研究法

实证研究法是依据现有的科学理论和实践的需要，提出设计，利用科学仪器、设备和手段，在自然条件下，通过有目的、有步骤的操作，根据观察、记录、测定与此相伴随的现象的变化，来确定条件与现象之间的因果关系的活动。主要目的在于说明各种自变量与某一个因变量的关系。近些年，我们看到越来越多的申报书提到实证研究方法。实证研究对于纯理论的研究而言是一种进步，它标志着社会上能够为实证研究提供的数据和方式方法增多了。比如，以我所在的法学学科为例，由于中国将裁判文书公开，法学研究者能够通过裁判文书开展实证研究。但是这在十年前是很困难的，因为人们搜集裁判文书的路径是非常有限的，难度也很大。

4. 定量分析法

在科学研究中，通过定量分析法可以使人们对研究对象的认识进一步精确化，以便更加科学地揭示规律，把握本质，厘清关系，预测事物的发展趋势。定量分析法是目前社科类研究，尤其是经济学、商学偏爱的一种方式，这种研究方法不仅能够呈现事物本质的一些特征，还能精确地反映它的量值。随着学科研究的不断细化和深化，这种研究方法越来越受到人们的喜爱。

5. 定性分析法

定性分析法就是对研究对象进行"质"的方面的分析。具体地说是运用归纳和演绎、分析与综合、抽象与概括等方法，对所获得的各种材料进行思维加工，从而能去粗取精、去伪存真、由此及彼、由表及里，认识事物本质，揭示内在规律。现在纯粹做定性分析的研究其实是比较少的，目前国家社科基金申报的导向也是偏向可操作性、实务性、可视化，除非是纯理论上的思辨和澄清一些最基本的范畴以及它们之间的关系，否则定性分析法在我们的申报书当中不会占有太重要的地位。

6. 跨学科研究法

运用多学科的理论、方法和成果从整体上对某一课题进行综合研究的方法，也称"交叉研究法"。科学发展的规律表明，科学在高度分化中又高度综合，形成一个统一的整体。也就是说，各学科间的联系愈来愈紧密，在语言、方法和某些概念方面，有日益统一化的趋势。有些研究确实不是一个学科能够完成的，它需要使用到其他学科的理论和方法。以我所在的国际法学科为例，尤其是国际公法和国际经济法，它们可能会涉及国际关系理论、经济学理论，甚至是社会学和人类学理论。越多的学科切入一个具体的研究当中，就能够提供越多的观察视角，但这种方法对申报者的要求往往是很高的。这种研究方法在申报书当中是一把双刃剑：一方面它是一个亮点，能够丰富我们对研究对象、研究问题的认识角度；另一方面它是一个痛点，因为从目前的实际情况来看，能够真正具备跨学科能力的申报者，其实数量不是很多。

7. 个案研究法

个案研究法是认定研究对象中的某一特定对象，加以调查分析，弄清其特点及其形成过程的一种研究方法。我们经常在国家社科基金的申报书当中看到某些申报者是以某一地区、某一族群或者某个时段作为对其所从事研究范围的限制，在这样的研究当中，可能个案的研究方法就必不可少了。

8. 比较研究法

比较研究法就是对物与物之间和人与人之间的相似性或相异程度的研究与判断的方法，通常会根据一定的标准，目的是找到事物或人群之间的普遍规律和特殊规律。比较研究也是申报者经常使用的研究方法，对于需要对同类事物进行比较而得出结论的研究内容具有较好的适用性。

总之，我们虽然介绍了几种常用的研究方法，但是具体的选择还是需要申报者依据其所研究的问题、解决路径来进行的。如果你选择了跟你的研究对象、研究问题不相关的研究方法，就会让评审专家产生不信任感，同时对你的专业素养产生怀疑。因此，要严肃认真地对待研究方法的部分。此外，一项研究采用 3～5 种研究方法就可以了。数量不宜过多，很难想象一项具体的研究会容纳五花八门的研究方法；如果数量过少，说明研究手段和工具还存在些许不足。需要指出的是，国家社科基金申报中的很多问题从理论上已经被之前的研究所覆盖，新的研究方法也是能够提供新的视角来观察之前提出的问题。如果你的研究方法是你的创新点之一，记得在标题、研究内容中予以体现。我们接下来看一个实例，观察一下研究方法是怎样扣住我们的研究主题的。

（二）具体研究方法

1. 文本分析方法

挖掘"一带一路"倡议下框架协议和软法文件中的国际投资规则创新内容。（这部分跟小标题——文本分析法没有直接关联，要向评审专家说明为什么要用这种方法，以及这种方法解决什么问题，能达到什么研究目的。以下各条都可以按照这个方式进行优化。）

2. 实证法学方法

分析"一带一路"倡议下国际投资协定条款的权利义务内容、效力和效果。

3. 比较研究方法

比较西方"促进和保护投资协定"范式和巴西"投资合作与便利化协定"范式，为构建以"投资与发展合作"为核心的中国范式提供借鉴。

4. 跨学科研究方法

运用法经济学、国际关系与国际法等跨学科研究方法，解释"一带一路"倡议下"投资与发展合作"范式创新的因果机理。

严格意义上来说，这个范例当中所列举的研究方法相对于主题来讲都是比较贴切的。因为我们要研究的内容涉及国际投资规则，它的载体就是国际投资协议，所以这里面的文本分析方法是必不可少的。因为研究涉及发达经济体和发展中国家投资规则的比较，所以比较研究方法也是必不可少的。国际投资法属于国际法的范畴，但是其内容又涉及投资具体的经济学领域，因此跨学科的研究方法也必不可少。此外还要收集大量的关于国际投资的案例来解析国际投资规则对于现实的国际投资活动产生的影响，因此实证研究方法也是必不可少的。总体而言，这份申报书的研究方法在选择层面上是没有问题的。但是在具体的展开描述方面存在可以提升的空间，而我们优化的目的就是让评审专家好懂且内容表达完整。我们尝试修改一下。

修改后：

（二）具体研究方法

1. **文本分析方法**。本研究涉及大量的框架协议和软法文件，需要用文本分析方法挖掘其中的国际投资规则创新内容。

2. **实证法学方法**。利用实证研究方法观察呈现分析"一带一路"倡议下国际投资协定不同变量之间（权利义务内容、效力和效果）的变化规律。

3. **比较研究方法**。比较欧美"促进和保护投资协定"范式和巴西"投资合作与便利化协定"范式的相同点和相异点，以及在现实投资活动中产生的效果，为构建以"投资与发展合作"为核心的中国范式提供借鉴。

4. **跨学科研究方法**。国际投资规则创新研究具有多学科属性，运用法经济学、国际关系与国际法等跨学科研究方法，全方位多角度解释"一带一路"倡议下"投资与发展合作"范式创新的因果机理。

以上修改的思路阐明了使用该种方法的原因、利用该种方法研究的内容，以及能够达到的研究目的。尽量言简意赅、简明扼要地指出上述内容，保证叙述的完整性。申报者在撰写研究方法（其实所有部分的撰写都一样）的时候，要尽量抽离出来，站在评审专家的角度考察一下自己叙述内容的完整性和清晰度。

2.5.2　前期成果

老实说，这部分可以提升和优化的空间是不多的，因为每个申报者在申请国家社科基金之前，前期成果是固定的，不仅在数量上是固定的，在内容上也是固定的。但是在我辅导申报的过程当中，有很多申报者围绕着前期成果向我提问，所以在这里讲解一下。

首先，前期成果也一定要扣题，也就是说要跟研究问题和研究主题有相关性。没有相关性的成果尽量不要往上写了。如果你的前期成果很多，你就可以从中选择那些与你的研究问题和主题直接相关的成果。如果你的前期成果不丰富，还是要实事求是地填写与问题和主题相关的成果。

其次，在前期成果的写法上，建议一是将我们的相关论文或著作的名称非常明确地列在申报书中，二是要说明为什么这个成果是与研究主题和问题相关的，也就是要向评审专家证明这个成果是可以作为研究基础存在的，进而证明你在这个问题上是有前期思考的，可以完成相应的研究。我曾经看到过一种比较隐晦的写法，申报者把相关论文都隐含在一大段描述当中。不能说不好，但是需要评审专家自行识别出你的相关论文或著作。比如：信托基金的功能（论文，唯一作者）是一种资本运作的有效制度安排（论文，唯一作者）……

我个人不太喜欢这种表述方式，作者明明还是有两篇比较相关的成果的，但是由于采取了这种比较隐晦的方式，他的前期成果被隐含在他的整体叙述当中，只是用括号标注出这是一篇论文，由作者独立完成。但是，这样的表述很容易被评审专家忽略。我们平时看到的论文题目或专著题目都是用书名号括起来的，因此只要看到书名号，我们的大脑就自动将其归为论文或专著类的东西。如果你的表述中没有这样标志性的符号，大脑就有可能将其忽略掉，这是其中一个原因。另外一个原因是作者将发表的文章隐藏在对研究基础的整体描述当中，也就是说他并没有以自己已经发表的论文作为主线展开研究基础的描述，反而是将自己已经发表的论文融入研究基础的描述之中，以整体的描述为主线，发表的论文就无法突出。这部分比较完整的写法是，既要让评审专家看清你的前期成果到底是什么，又要说明这个前期成果是你的研究基础，两者相互独立，且构成了一个完整的主体，而不是为了一个部分而忽略了另外一个部分的独立性。我们建议，在这个部分请申报者明明确确、大大方方地将自己的成果列出来，然后做一个稍微概括一点的总结，说明自己所列的研究成果是怎样构成研究基础的。再次强调，直接列出研究成果其实是很重要的，原因是评审专家在看到这部分的时候心里有一个预设——想看看有几篇研究成果。也就是说评审专家首先想看到的是你发表了几篇文章，然后才想看到这几篇文章跟你要研究的内容是怎样相关的。因此申报者在写作过程中一定要注意全面并且分清主次。

最后，前期成果在一份申报书中到底处于什么样的地位？在我作讲座的时候，经常会有人问我："老师，我没有前期成果，或者我的前期成果并不好，我还能申报吗？"甚至有的申报者认为自己之前申报没有成功的原因就在于前期成果不好。我在这里想把我个人的观点分享给大家，让大家进一步了解前期成果在整个项目申报过程中所处的地位。

（1）前期成果不好一定会对项目的申报产生影响，但是这种影响不是致命的。

（2）一份项目申报书，最为重要的三个部分是问题、主题和论证。它们体现在国内外研究综述、研究内容、研究思路等各个方面。大家一定要认识到，相较于前期成果，如果你在课题的设计和论证方面做得非常好，也是有可能成功的。

（3）没有前期成果或者是前期成果不好的申报者，我们也是一样鼓励申报的。首先，只要申报，就有成功的可能。如果你的申报书的主体部分非常好，而恰巧申报当年整体的形势对你又非常有利，就有可能中标。其次，基金的申报其实是一个过程，这个过程通常会持续很多年。换句话说，绝大多数申报者是不可能一申请就中的。如果第一年不中，你可以再对自己的"本子"进行仔细打磨，可能第二年就中了；也可能第二年不中，打磨到第三年就中了。但是你必须得尝试申报。把申报的过程当成一个练习和不断完善自己研究的过程，同时在这个过程当中不断积累自己的前期研究成果，这就是一个相对理性的心态。

（4）一份申报书不中，一定不会单单是因为前期成果做得不好，应该还存在其他的致命伤，因此那些认为自己前期研究成果就决定自己申报结果的想法，其实是不够理性和客观的，甚至还有一点点消极和逃避的意味。国家社科基金的申报，首先要做到的就是调整心态。心正了，就顺了！

2.5.3　参考文献

参考文献也跟研究方法一样，容易被申报者认为是一个不太重要的部分，从而没有被严肃认真对待，以致最后影响申报的效果。从本质上来看，参考文献也必须要扣住"题"，也就是说要有相关性。我们之前提过参考文献要满足"四性"——全面性、权威性、及时性和针对性。但是，申报书中的参考文献字数是计入总字数中的，而且从事学术研究，尤其是国家社科基金级别的研究文献的数量一定不会太少，这就涉及筛选和呈现，也就是说，要选择哪些参考文献，怎么选择，按照什么样的逻辑顺序呈现出来。

第一，由于字数的限制，申报书当中的参考文献很难满足全面性的需求，所以在参考文献的"四性"中，必须要有针对性、权威性，兼顾及时性和全面性。具体来说，参考文献要首先满足针对性，就是你的参考文献一定在研究对象、研究问题和主题上与你在申报书当中要研究的问题高度相关。光是在研究对象上相关还不够，必须保证在问题和主题上也具有关联性。其次，因为我们不能将文献全部都列上，所以我们要进行筛选，筛选的原则就是要保证权威性。一定要将知名学者的文章、极具代表性的文章罗列上，否则一旦评审专家是相关人士（这个可能性是很高的），也有这方面的文章，但是却被你忽略掉，这个后果你可以自己去想象。最后，参考文献"四性"当中的及时性和全面性也可以适度展现。虽然我之前提及，由于字数的限制，全面性不可能完全展示，但是这并不代表没有办法展示对整个文献全面性的把握。参考文献一定要提及最新的研究成果和以往研究中的重点研究成果，最好体现出时间的脉络。也就是说，参考文献要体现你这项研究的研究脉络，这个是很重要的。

第二，参考文献到底列多少条合适呢？列举太多参考文献会占用太多的字数和空间，达不到理想的效果；列举数量太少又不能体现上文的要求，呈现不出脉络，重要成果也无法突出。20条左右是比较理想的参考文献的数量，这个说法并不权威，也没有太多的实践的数据支撑，请各位申报者结合自身专业的实际情况酌情确定。

第三，参考文献中要不要有外文参考文献？数量是多少？关于这个问题，每个学科的情况是不一样的。因为我从事的是国际法研究，这个领域里大量的文献都是外文文献，所以我的申报书中的 20 条参考文献，至少有一半要留给外文参考文献。有一些学科恐怕只有中文的参考文献，或者以中文参考文献为主，这也是可以理解的。但是根据申报书的要求，还是要有一定数量的外文参考文献。如果你的研究对象是属于国内外都要并行研究的，你还是要看看国外对这个问题研究到什么程度，而不要由于自己外文不好，或者是在以往的研究经历中缺乏检索、阅读外文文献的相关学术训练而导致在这个问题上放弃对外文文献的整理。以法学为例，除了国际法之外，其实很多国内法的研究也是有很多外文的文献的，尤其是英文的文献。但是据我观察，从事国内法研究的学者（顶尖的除外）有的时候对这部分外文的文献不够重视，他们甚至认为这种外文的文献是给从事国际法研究的人准备的，这样的想法其实是不对的。还有很多学者对于外国研究动态的梳理是基于对中文文献的阅读，没有读外文的原文，这种做法也是不可取的。总之，在国家社科基金的申报过程中，对于外国同行的研究要予以一定的关注，同时增强自己对外文资料的阅读和整理能力。

我们还是看一下申报书《"一带一路"倡议下中国视角的国际投资规则创新研究》的参考文献部分，这部分做得相当扎实，中英文文献数量均衡，文献具有相当强的权威性，并且兼顾针对性和全面性。因为"一带一路"倡议开展的时间还不是很长，所以文献都还比较新。而且形式统一，中文文献和英文文献都遵循了一致的注释方法，看起来非常规整。我们将这份参考文献作为范例供大家参考一下。

六、参考文献（开展本课题研究的主要中外参考文献）

1. 王贵国、李鋆麟、梁美芬主编：《"一带一路"争端解决机制》，浙江大学出版社 2017 年版。

2. 张瑾：《"一带一路"投资保护的国际法研究》，社会科学文献出版社 2017 年版。

3. 王贵国：《"一带一路"争端解决制度研究》，《中国法学》2017 年第 6 期。

4. 刘敬东：《"一带一路"法治化体系构建研究》，《政法论坛》2017 年第 5 期。

5. 陈辉萍：《丝绸之路经济带中亚国家投资准入障碍与法律对策》，《江西社会科学》2017 年第 5 期。

6. 韩秀丽、翟雨萌：《论"一带一路"倡议下中外投资协定中的投资者—国家仲裁机制》，《国际法研究》2017 年第 5 期。

7. 张卫彬、许俊伟：《"一带一路"与投资争端解决机制创新——亚投行的角色与作用》，《南洋问题研究》2017 年第 4 期。

8. 张晓君、陈喆：《"一带一路"区域投资争端解决机制的构建》，《学术论坛》2017 年第 3 期。

9. 朱文龙：《论我国与"一带一路"沿线国家投资协定的变革》，《云南大学学报》（法学版）2016 年第 5 期。

10. 单文华等：《"一带一路"建设背景下中国加入〈能源宪章条约〉的成本收益分析》，《国际法研究》2016 年第 1 期。

11. 宁红玲、漆彤：《"一带一路"倡议与可持续发展原则——国际投资法视角》，《武大国际法评论》2016 年第 1 期。

12. 王淑敏：《地缘政治视阈下中国海外投资法律保护理论研究——以"一带一路"为契机》，知识产权出版社 2016 年版。

13. 王贵国、李鋆麟、梁美芬主编：《 "一带一路" 的国际法律视野》，浙江大学出版社 2016 年版。

14. 邓婷婷、张美玉：《 "一带一路" 倡议下中国海外投资的条约保护》，《中南大学学报》（社会科学版）2016 年第 6 期。

15. Julien Chaisse, Manjiao Chi et al., *Special Issue on China's One Belt, One Road (OBOR)*, 14*Transnational Dispute Management* 1（2017）.

16. Guiguo Wang, The Belt and Road Initiative in Quest for a Dispute Resolution Mechanism, 25*Asia Pacific Law Review*1（2017）.

17. Yucong Wang, Indirect Expropriation and One Belt One Road Initiative: A Pivotal Issue for the Implementation of China's Refreshed Strategy for Foreign Investment,3*China and WTO Review*121（2017）.

18. Shu Zhang, China's Approach in Drafting the Investor-State Arbitration Clause: A Review from the "Belt and Road" Regions Perspective, 5*Chinese Journal of Comparative Law*79（2017）.

19. Lutz-Christian Wolff and Xi Chao eds., *Legal Dimensions of China's Belt and Road Initiative*, Wolters Kluwer Hong Kong Ltd, 2016.

20. Jie（Jeanne） Huang, Silk Road Economic Belt: Can Old BITs Fulfill China's New Initiative?, 50*Journal of World Trade*733（2016）.

综上，申报书中的重要部分撰写方法以及注意事项解读完了，它们都遵循一个核心规律——申报书的重要部分都是围绕 "题"

展开的，因此我们也就围绕"题"给各个部分重新下了定义，系统阐述每个部分的写法和容易出现的问题。同时我们还用具体的实例向大家展示修改的思路和过程，希望能够对大家的申报工作有所帮助。

在这里还要分享给大家一个自我检测的方式——关键词检测法。因为申报书的重要组成部分都是围绕"题"展开的，而这个"题"通常会有一个核心的关键词，比方说在文中多次引用的申报书《"一带一路"倡议下中国视角的国际投资规则创新研究》，它的核心关键词就应该是"规则创新"，而我个人的申报书《〈涉外民事关系法律适用法〉实施中最密切联系原则的司法可控性研究》，它的核心关键词就应该是"可控性"。申报者可以用关键词来检测标题、文献综述、研究内容、研究意义、研究方法等重要内容，如果经过检测都得出了令人满意的结论，也就是说申报书的重要组成部分都扣住了核心关键词，那就说明扣住了"题"，并且用"题"串起了整个申报书，进而也就能保证自己的申报书是围绕一条主线展开的。

第3章

重点环节掌控

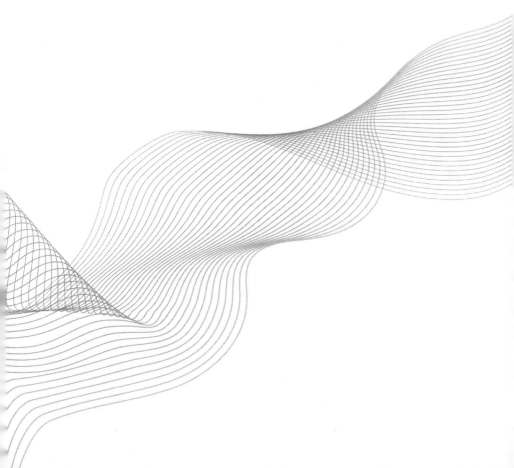

本书如果只告诉申报者国家社科基金是什么、每个部分怎样写，只是在认识层面上解决了申报者的一些困惑。但是如何按照此前讲解，把国家社科基金的申报书填写得符合要求，其实还有一个方法论的问题。现实中，很多申报者不仅在认识论方面存在问题，在方法论层面上也存在一定的问题。也就是说很多申报者其实是缺乏相应的学术训练的，一味强调解决认识层面上的问题，而忽略具体方法上的讲解，对于申报者而言作用有限。提升认识是很简单的，但是具体操作是困难的。如果一个项目申报的指导只是围绕认识论展开，而没有给出方法论方面的指导，那么这种国家社科基金申报的辅导无异于是属于上帝视角的，甚至我把它称为"管杀不管埋"式的辅导，所以本章会介绍如何在方法论层面对重点环节进行掌控。

首先，国家社科基金的申报其实是一个过程，既然申报者希望国家社科基金申报有一个非常完满的结果，那你就要进行过程控制。要想撰写好一份申报书，申报者必须先有一个需要被解决的"问题"（前文已经提及什么是"问题"）；问题的得出是建立在文献综述的基础之上的，就是前文说的国内外研究现状和学术动态；要想做出一份符合国家社科基金要求的文献综述，就必须进行大量的文献阅读，这种阅读又不是普通意义上的线性阅读，而是分析性阅读和批判性阅读；要想对文献展开大量的阅读，前提是已经将开展研究所必备的文献全部收集和整理完毕。以上各个步骤都是环环相扣的，很多申报者不了解这样一个研究的过程，抑或是了解这样的过程，但是某个具体的环节操作不到位，这都会影响最后申报的效果，所以本章要着重指出这些重点的环节，给申报者提供一个完整的研究链条，至少可以供研究者参考。

其次，很多申报者认为国家社科基金申报的准备工作是从国家开始下达申报通知的时候才开始的，这种认识是错误的！每年有很多申报者，直到申报通知下达才开始手忙脚乱地收集文献、阅读文献和整理思路，这种对于自己申报项目的时间管理思路极不利于基金的申报。国家社科基金的申报其实是一个非常漫长的过程，它的准备时间也很长，国家下达申报通知只是意味着那些有了成熟想法的申报者可以开始撰写申报书了。如果你连想法都没有，那么国家下达通知的时候已经来不及了。就好比你走进一家餐厅点完餐，餐厅再去市场买菜，肯定就来不及了，得提前备上。正因如此，很多高校将国家社科基金申报的管理工作前移，有的甚至在前一年夏天就开始举行国家社科基金申报辅导讲座，有目的地对相关项目进行孵育。高校和科研院所对国家社科基金申报的管理工作都在前移，申报者自己更应该具有提前做好申报工作的意识。

最后，有的申报者对于申报的认识是相对准确的，也知道要有问题意识，要有大量的文献阅读，要有文献综述，但就是对以上几个环节应该做到什么程度、怎样开展理解得不透彻，导致在重要的几个环节上耕耘得不够，最后申报的效果也不理想。因此，本章围绕申报的几个重点环节进行详细解读，希望能给申报者提供思考的路径和操作的方法。

3.1　文献部分

国家社科基金的申报少不了文献。文献是申报的基础，也是研究的开端。一项研究涉及文献的部分主要有四个环节：文献检索、文献管理、文献阅读和文献综述。一般申报国家社科基金的研究者都具备一定的研究基础，因此，本节在文献检索、文献管理这些方面尽量简略描述。文献综述在上文分析国内外研究现状和学术动态的时候也有了一些介绍，本节也会简略描述。文献阅读是文献检索的目的，又是文献综述的前端，也是形成研究思路的最为重要的环节，同时很多研究者对文献阅读存在着很深的误解，本部分会把注意力都集中在文献阅读部分。

3.1.1　基金不中很大程度上与文献阅读有非常大的关系

1. 我们的文献阅读存在什么样的问题

大多数情况下，我们采取的是一种线性阅读的方式，即对一份文献从头到尾进行线性阅读，最多在重点的部分和章节通过做眉批来强调一下。这种阅读的方式是我们从小到大习得的，不少学生和老师都偏好这种阅读方式。这其实是一种看闲书的方式，用陶渊明的话说——不求甚解。这种阅读是一种广义上的阅读，是一种生活式的阅读，这种阅读只强调对内容的知晓，不强调提取和输出。而专业文献的阅读需要细致的、深入了解的，甚至是以输出为目的的阅读。线性阅读方式的最大问题是它会给读者一种错觉，以为已经掌握了文献的全部内容，但实际上，如果对阅读效果进行考察，你就会发现如果采取线性阅读的话，我们对一份文献的掌握程度，不会超过 10%。即便读者有做笔记的习惯，针对阅读形成了阅读笔记，但是如果不懂得阅读笔记的做法，不清楚应该提取哪些内容，最后这份文献的输出率和被使用率还是不高，也就是说，你花了大把的时间进行阅读，但是实际上你从这篇文章中根本没有吸收到什么。余秋雨先生曾经给阅读下了一段定义，我觉得挺好的。他说阅读是指读完一段文字能够以逻辑的形式呈现出来，这才是真正的阅读。反观很多所谓的阅读，其实就是寻求个心理安慰，大致看一遍，到关键的时候根本提取不出来有效信息，也不明白作者写作的主旨和要义。这种坐在图书馆里一看看半天、收效甚微的阅读和学习方式，除了能拿来欺骗自己没有浪费时间，其实也没什么太大的效果。

2. 国家社科基金申报需要我们将阅读做到什么程度

国家社科基金要求以输出为目的展开阅读，也就是说在阅读完一篇文献之后，你能准确地说出作者解决了一个什么问题，作者的结论是什么，作者得出结论的主要依据是什么，该篇文章没有被表达出来的前提假设（未表达前提）是什么，作者的依据是否为真，采用什么样的推理类型，推理是否成立，结论是可靠的还是不可靠的，作者使用的研究方法是什么。这只是一篇文章当中你需要提取的最为核心的内容，还有一些细枝末节的，比如作者的文章发表于什么时期，援引了哪些文献，它的局限在哪里，它的优点又在哪里，它在整个学术发展的进程当中的地位如何。我们只有把这些信息全部抓取出来，才有可能在文献综述的环节做出一份令人满意的关于国内外研究状况的总结。那么现在就请读者们去审视自己，在阅读文献的时候，是否能够将上述内容准确地提取出来？如果不能，那你离国家社科基金的申报还有一段距离，你需要在阅读上继续努力。我们用一篇学术文献向读者们展示一下文献阅读应该做到什么状态。

3. 如何开展文献的阅读

文献的阅读要想达到上述要求，就必须推进到分析性阅读的层面，这是与上文提及的线性阅读相对的另一种阅读类型，也被称为批判性阅读。我们以几篇学术文献为例展示一下分析性阅读的形成过程以及需要达到的效果，在此我们需要借助思维导图。

1）文献阅读第一步：全面梳理文章的主要内容，形成思维导图

首先，先了解一下最终的成品。我们以罗纳德·A.布兰德（Ronald A. Brand）教授于 2018 年发表在《法律与商业杂志》上的文章《国外判决在中国的承认：刘莉案与"一带一路"的倡议》[①]为例向大家展示文献阅读中要整理哪些要素才能为最后的文献综述服务，才能为整个申报书打下坚实的基础。

全面梳理文章的主要内容就是要把文章通读一遍，归纳每个段落的中心思想和段落大意，并且明确每个段落分成几个层次，段落和段落之间构成了几个部分。不要小看这个过程，其实它综合地考察阅读者的思维能力，会运用到诸如抽象、概括、复述等思维活动。阅读者也要分清楚中心思想和段落大意之间的区别。我们先看一下思维导图（见图 3-1）。

我们先来看其中的一个部分（见图 3-2）。

这个部分能让我们看清这幅思维导图包含了以下具体内容。

（1）思维导图要整理出文章所有的逻辑层次，从部分到小部分，到段落，到段落下面的层次，必须分解到最小的意思表达单元，这样才能将文

扫码可查看和下载图 3-1

章读透彻。该篇思维导图是以段落作为基本的元素：向上追寻了段落和段落之间构成的部分，并将它们呈现出来；向下分解了段落之中的不同层次，同时也将它们展现出来。比如 20—40 自然

---

① RONALD A. BRAND. Recognition of foreign judgments in China: the Liu case and the "Belt and Road" initiative[J]. Journal of Law and Commerce. 2018，37（1）：29-56.

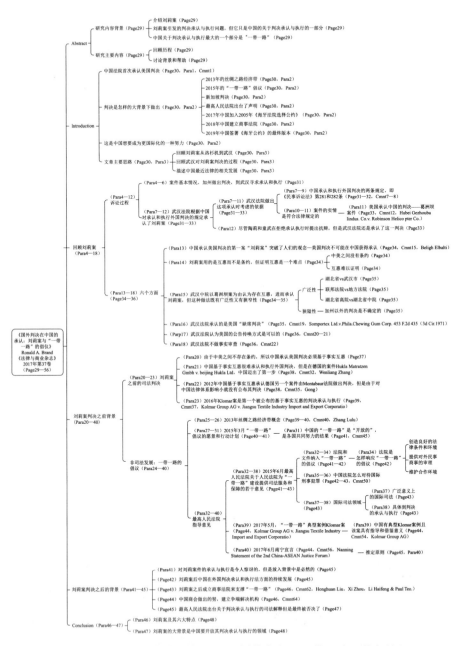

图 3-1　《国外判决在中国的承认：刘莉案与"一带一路"的倡议》
检视性阅读图（整体）

段是文章的第四个部分，作者回顾了刘莉案判决之前的背景，它由 21 个自然段构成。第四个部分又可以分成两个小部分：20—23 自然段构成的"刘莉案之前的司法判决"；24—40 自然段构成的"刘莉案发生的背景"，也就是中国"一带一路"倡议的提出。然后深入到每个自然段，不仅要总结出每个自然段的核心思想，还要再对自然段进行层次拆解，直到不能继续拆分的最小的意思表达单元。

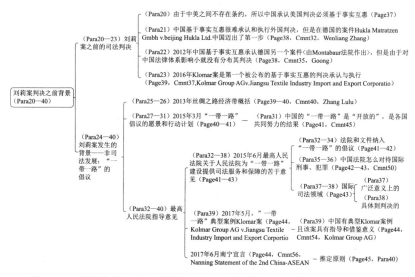

图 3-2 《国外判决在中国的承认：刘莉案与"一带一路"的倡议》
检视性阅读图（部分）

（2）这份导图里标注了很多相关的信息。这些信息一般都属于细节，但是建议把它们列上，这不仅方便我们对文献进行回溯和追索，还有利于后期完善相关信息。比如，我们会明确地标注出自然段的数字，我们在所有的涉及注释的地方都明确地标注出注释的来源、作者以及页码。这样做的好处为：当你对某个信息记忆出现模糊的时候，你可以快速地翻看并锁定其在文章中的相应位置，能够迅速定位；当我们写文章需要补充注释的时候，也能够很快速地在这份思维导图当中锁定与注释相关的信息。

（3）这份思维导图内容高度精练概括，需要阅读者进行抽象、概括、总结、分析、评价、识别逻辑关系、识别前提等思维活动并用语言呈现出来。由于每个人的思维能力不同、语言能力不同，每个阅读者做出的思维导图质量并不相同。

为了让大家理解文献阅读和制作思维导图的过程中会涉及哪些思维活动，我们用几道阅读题来热热身，然后我们再围绕一篇英文文献的一小段展开阅读，制作思维导图。需要指出的是，下面的测试题都涉及寻找核心关键词，将关键词之间的逻辑关系捋顺，进而阅读清楚整段文字的核心意思。因此，所有的题，我们都会遵循三个步骤来进行操作：核心关键词—关键词之间的逻辑关系—呈现整段文字的核心意思。

（1）通过抓取关键词进而抓住作者的主要观点

从一段文字中总结出作者的观点，我们来看测试题①：

动物园中的一只猩猩，在游人的逗引和示范下，学会了向人吐唾沫的"本领"。为了把它从"人"退化成原本的猩猩，动物园想尽了多种"威逼利诱"的教育方式，但收效甚微。

这段话说明了：

A. 教育要采取正确的方法；

B. 揠苗助长往往会适得其反；

C. 坏习惯的改正比养成更困难；

D. 好的道德风尚要靠公德心的培养。

这道题是以阅读的方式呈现的，考察阅读者对作者观点的抓取能力，但是要想抓住作者的观点，还是先要识别出这段文字最核心的关键词，然后总结出作者围绕关键词想表达的核心思想。

这里涉及抽象、概括和关键词识别等大脑的思维活动，如果你不了解什么是抽象、概括，建议阅读相关的书籍并掌握这些思维的名词，而不是凭着感觉无意识地去使用它们。这道题的正确答案是 A，你选对了吗？具体分析如下：这段文字分成上下两句，第一句说的是动物们跟游人学会了吐唾沫的本领，原因是游人使用了"逗引"和"示范"的方式。第二句说的是动物园想让动物改掉这个"本领"但是没成功，原因是动物园采用的是"威逼利诱"的教育方式。综合上下两句我们能够发现，这两句有一个共同的关注点——教育方式。游人采取的教育方式和动物园采取的教育方式不同，进而导致动物们的学习效果不同。因此，本段文字的核心关键词是教育方式，采用不同的教育方式会有不同的效果，进而引申出结论——教育要采用正确的方法。即便你不能像书中所说的那样，从正面分析这段文字的核心关键词，概括每句话的意思，进而选择出正确的答案。从排除法的角度，只要你能判断出这段文字的核心关键词是教育方式，你就应该能够看出 B、C、D 完全是错误的，因为它们都偏离了最核心的关键词——教育方式。但是这段文字主要考核的是阅读者能不能抓住作者的观点，而抓住作者的观点，往往需要伴随很多的大脑思维活动。我们用图示的方式呈现这段文字的逻辑关系，方便大家更好地理解这段文字的核心意思和逻辑架构（见图 3-3）。

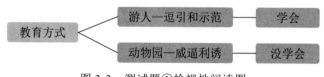

图 3-3　测试题①检视性阅读图

（2）通过总结出的关键词提炼出作者的主要观点。这种情况下，核心关键词是不会出现在文字表达当中的，需要阅读者自己提炼出来。而这个提炼的过程就需要抽象、概括等思维活动。

我们来看测试题②：

　　历史是个好老师，如果你一次没学会，她会不断地重复。

　　这句话说明的道理是：

　　A. 历史总会重演；

　　B. 历史永不间断；

　　C. 学习是个不断重复的过程；

　　D. 应该从历史中汲取经验教训。

　　要想做对这道题，我们需要分析一下题干部分——"历史是个好老师，如果你一次没学会，她会不断地重复"——到底说的是什么。我们来看这里面的关键词：历史、老师、你、学会、重复……这说的是什么？我们试着画一张图来展示一下这里面的关系（见图 3-4）。

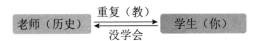

图 3-4　测试题②检视性阅读图

　　我们通过图 3-4 就能发现，历史是老师，你是学生，如果你学不会，老师就会用重复的方式教你。好了，我们发现这里面讲的是学习的事情。学习在这个题的题干里是没有出现的，是需要你用思维推导出来的，在这个过程中，你可能要用到概括和抽象。所谓的概括就是概念上下位的移动，举例来说：门齿、犬齿、臼齿共同的上位概念是"牙齿"，而门齿、犬齿、臼齿、舌共同的上位概念是"口腔中的器官"。得出这些结论的思考过程就叫概括。而抽象是指将事物的本质提取出来的思维活动，比如门齿、犬齿、臼齿的本质既可以是"牙齿"，也可以是"器官"。事物的本质可以是很多层面的，就看你需要抽象到哪个层面。我们回过头来看题干部分，其中的老师、学生、学不会、重复等词汇的共同上位概念是什么？其实是学习，这也是这些概念的共同属性。一旦你锁定了这些词汇的共同上位概念——学习，你就能排除 A 和 B 选项，因为这两个答案说的是历史，而不是学习。还有很多人在 C 和 D 选项中犹豫，C 和 D 说的都是学习。还是用概括的方式来观察它们，C 说的是学习的过程，D 说的是学习的结果。那我们再看题干，题干强调的是如果你学不会，历史就会反复地教你，目的是让你学会。因此，题干强调的是学会，是结果。本题的正确选项是 D。

（3）通过推理抓取作者的观点。在阅读文章的时候，作者通过一段文字间接表达观点，这时候需要阅读者自己将作者的观点推理出来。我们来看测试题③：

人生的成功需要具备三种因素：第一是天赋，第二是努力，第三是命运。

据此，可以知道：

A. 机会是人创造的；

B. 外因是成功的条件；

C. 有志者事竟成；

D. 勤奋和天赋决定是否成功。

这道题其实考察的是前提和结论之间的关系，题干指出了成功的三个要素，也就说明了天赋、努力和命运是成功的充分必要条件（见图 3-5）。如果某一选项不符合这个基本的推理关系，那么这个选项就是错误的。B、C、D 选项说的都是成功，只有 A 选项说的是机会，严重跑题，所以先排除 A 选项。那么 B、C、D 选项中哪一个选项反映的逻辑关系与题干相一致，哪一个就是正确答案。我们先来看 C 选项——"有志者事竟成"，说的是"有志"

就一定会成功，而题干强调的是，天赋和命运这些不通过自由意
志决定的东西也会影响成功，所以 C 选项不对，它把"有志"这
个必要条件当成了充分必要条件。D 选项——"勤奋和天赋决定
是否成功"跟 C 选项的问题一样，它认为天赋和努力（勤奋）就
是必要充分条件，而题干中这两个条件只是必要不充分条件，所
以 D 选项也是错的。我们再来看 B 选项——"外因是成功的条件"，
外因就是天赋和命运，它们确实是条件，由于 B 选项没有将外因
限定为充分必要条件，只是强调外因是必要条件之一，不是充分
的，所以 B 选项是最符合题干的选项。

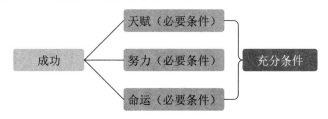

图 3-5　测试题③批判性阅读图

　　还有一种考察逻辑推理的情况是判断前提和结论之间的相关
性，这一点可以帮助我们在阅读过程中识别出作者列举的原因中
哪些是与结论不相关的。我们来看测试题④：

　　党的十八大以来，中央在脱贫攻坚方面付出了坚持不懈的努
力。在脱贫取得显著成就的同时，一些民众的惰性增长，"等要
靠"思想严重。王刚认为："授人以鱼不如授人以渔，要从根本
上实现贫困地区的脱贫致富，必须重视教育，提升群众文化素质，
扶智比扶贫重要。"李强不同意王刚的意见，他坚持认为："只
有低层次的需求解决了，才会去追求更高层次的需求，生活温饱
问题都解决不了，谁还会考虑知识教育，扶贫比扶智重要。"可
以为李强的看法提供最有力支持的事实是：

A.某贫困老区的革命传统纪念遗址，原来只是一间十几平方米的小屋，现在建成了几万平方米的纪念馆；

B.安徽省31个贫困县全部"摘帽"，交通、住房、水电等生活问题基本解决后，义务教育实现均衡发展；

C.重庆市石柱县筹集教育资金11.15亿元，实现了农村义务教育所有学生全覆盖，实现了城区义务教育所有贫困生全覆盖；

D.广西壮族自治区投入21.61亿元资金建设了17 927个扶贫基础设施项目，全区农村未解决温饱问题的贫困人口减少了74万。

分析这道题要首先明确李强的观点是"扶贫比扶智重要"，所以我们一起看一下，答案中哪一个选项与这个观点在逻辑上是一致的，也就是哪个选项能支撑李强的观点。需要指出的是四个选项都比较长，我们在阅读的时候都需要进行抽象和概括。A选项经过概括是"革命遗址被改造"；B选项经过概括是"安徽省贫困县在基本生活问题解决后，义务教育实现了均衡发展"；C选项经过概括是"重庆市石柱县筹集资金实现农村义务教育全覆盖"；D选项经过概括是"广西壮族自治区投入资金建设扶贫项目减少贫困人口"。四个选项中A选项只说了扶智（暂且归到这一类别），C选项只说了扶贫，D选项只说了扶贫，只有B选项说明了扶贫和扶智之间的关系，并明确扶贫之后扶智才有效果。

（4）识别未表达前提。当我们阅读文献的时候，每次作者表达观点、构建论证的时候都有其既定的前提，也被称为假设，通常这种假设还不会被明确表达出来。通过阅读，识别出作者的隐含假设，也就是未表达前提，也是阅读者的一项任务。我们来看测试题④：

用汽车能将货物在3天内从A港口运到B港口，总费用为2 000元。而用轮船运输则需要5天，总费用是1 500元。选择陆运还是海运？李明主张海运，他说，这批货物迟到两天，仍然在合同规定的交货期限之内，并不会造成违约。采用海运，可以减少成本。李明的论证中所包含的假设是：

A. 供货公司一直拥有良好的信誉，之前没有违约的记录；

B. 与陆运相比，海运更容易受到恶劣气候的影响；

C. 这批货物经过严格的质量检验，完全可以满足用户的要求；

D. 除了运输时间和费用以外，两种运输方式之间基本没有差别。

虽然这道题比较好判断，但是我们还是遵循思维的规律先把论证的模型拿出来（见图3-6）。在题干中我们遇到的问题是——选择陆运还是海运？李明主张海运，原因有两个：其一，费用比较低；其二，虽然晚两天，但仍在交货期限之内，这是李明主张海运提出的两个"表达出来的前提"。所谓未表达前提就是已经表达出来的前提能够成立的基础，如果未表达前提成立，被表达出的前提才有可能成立。李明只列出时间和费用两个因素，他的潜意识（未表达前提）就认为只需要比较这两个因素。因此，这道题的正确答案是D。

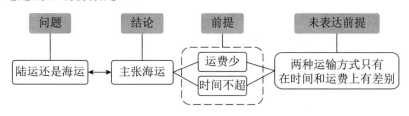

图3-6　测试题④批判性阅读图

（5）偷换概念

这是考察阅读者能否识别出所阅读的文献在概念使用上的不一致，我们还是用一道测试题来向大家展示：

自信，坚信自己的力量，是一个人的优秀品质，这主要是指那些建立在牢固的知识和经验基础上的自信。如果没有这种基础，它就有变为高傲自大和无根据地过分自恃的危险。

这句话强调的是：

A. 人一定要有自信；

B. 盲目自信是非常危险的；

C. 缺乏知识和经验容易使人盲目自信；

D. 知识和经验可以增强人的自信。

题干同样是两句话，第一句话经过我们的概括就变成了"知识和经验是自信的基础"，第二句话经过我们的概括就变成了"没有知识和经验（这个基础）就容易盲目自信"。因此，我们很容易得到正确选项 C。不少人也选择了 D 选项，D 选项的问题在于它偷换了概念，在原文中知识和经验是自信的基础，但是在 D 选项中知识和经验变成了增强自信的条件，知识和经验与自信的关系发生了变化。

分析性阅读要求我们在阅读的过程中时刻动用各种思维活动——抽象、概括、综合、分析、推理等最大程度地捕获文章的内容，以上只是用选择题的方式来呈现在阅读过程中会涉及的思维活动，目的是展示一下分析性阅读需要具备的思维技能。

上文的叙述可能还让你觉得不够直观，那我们就围绕一篇文献的一小部分练习一下，选用的仍然是一篇英文文献的几个段落。我们选用的文献是罗纳德·A. 布兰德（Ronald A. Brand）于 2015 年发表在《北卡罗来纳州国际法和商业规制》第 40 卷上的《对判决承认的理解》[①]。我们首先展示一份完整的思维导图，

---

① RONALD A. BRAND. Understanding judgments recognition[J]. North Carolina Journal of International Law and Commercial Regulation. 2015，40（4）：877-908.

然后集中对第 25—28 段进行示范，让大家更明
白制作一个思维导图时是需要总结、概括、提炼、
逻辑和表达的。相应地，还要注意一些技术规范。
只有在上述能力综合作用下，才能形成一份赏心
悦目的思维导图（扫描右侧二维码，即可查看和
下载）。

扫码可查看和
下载完整思维
导图

　　我们只围绕这幅导图中的一个小部分来做练习，就是图 3-7。
（但是建议大家先别仔细看，结合相关段落做一个练习，看看自
己做的思维导图和图 3-7 有什么不一样。）

　　文章第 25—28 段：

　　25. It has been common for U.S. legal scholars to look to
German law as a source of comparison when demonstrating
differences between the U.S. common law system and civil law
systems in general. This usually makes sense because the German
system is quite similar to other European civil law systems
and is, in fact, a model on which many non-European civil law
systems have been developed. Thus, it is no surprise that many
U.S. commentators, when considering judgments recognition law,
have looked to German law to demonstrate a significant civil law
example. When this is done, the focus leads to section 328(I)
of the German Code of Civil Procedure. This section provides
the bases for non-recognition of a non-EU foreign judgment,
and includes the rule that "the judgment of a foreign court
shall not be recognized... if the courts of the State to which the
foreign court belongs have no jurisdiction test for judgments
recognition purposes". Thus, a German court will not recognize
the judgment of a foreign court unless that foreign court had

jurisdiction ("personal" jurisdiction in U.S. parlance) consistent with German rules of (direct) jurisdiction. Like the United States, Germany appears to have no jurisdiction gap between its rules of direct and indirect jurisdiction.

26. The United States and Germany are not the only countries in which no such jurisdiction gap exists. Brazil is an example of a South American country in which there is no direct/indirect jurisdiction gap. This means that legal system comparisons can easily lead to the assumption that others—even civil law system "others" —take the same approach as does the United States to judgments recognition law. Such an assumption is, however, misleading.

27. In a significant number of countries, the list of direct jurisdictional bases—under which a court may exercise jurisdiction in the original case—is much longer than the list of indirect jurisdictional bases—under which a court may test a foreign judgment for purposes of local recognition and enforcement. For example, in Australia, the Foreign Judgments Act 1991 (Cth) provides three common grounds of indirect jurisdiction: (1) when the judgment debtor was a resident of the foreign jurisdiction at the time of commencement of proceedings; (2) when the judgment debtor voluntarily submitted to the jurisdiction of the foreign court; (3) when the judgment debtor is a citizen of the foreign country. This is a much shorter list of indirect jurisdictional bases than the list of direct jurisdictional bases on which Australian courts may take jurisdiction over foreign defendants in the first instance.

28. Other Commonwealth states have similar jurisdictional

gaps, following the pattern in the United Kingdom. In 2014, however, the Law Ministers of the Commonwealth States prepared a Model Law Foreign Judgments Bill, which both drops the existing reciprocity arrangement by which judgments from other Commonwealth states receive favorable treatment as compared to judgments from outside the Commonwealth, and sets forth a much longer list of indirect bases of jurisdiction, thus providing for a much-narrowed jurisdiction gap in the states that may enact the Model Law. This move toward a decreased jurisdiction gap is a very positive one, and it will be interesting to see just how many of the Commonwealth states enact the Model Law.

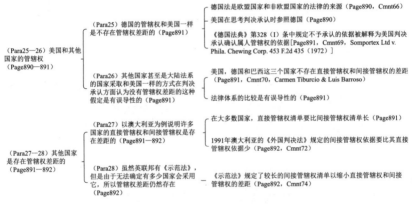

图 3-7　《对判决承认的理解》的检视性阅读图（局部）

然而要形成上述导图并不容易，因为需要如下能力：

①完全准确地理解文章的含义，这需要有基础知识和英文阅读能力。

②要能准确地抓住文章的重点，也就是要知道每段的核心关键词是什么。比如第 27 段核心关键词是 much longer。

③要能读出这段文字的逻辑层次，这个是最难的，因为有些

小伙伴会把背景性的东西作为重点。比如在第 27、28 段，有些同学抓取到英联邦的法案这个层次，有些同学抓取到管辖权差距这个层次，但是这些层次都是背景，都不是重点。这两段文字的逻辑层次是：

A. 很多国家直接管辖权和间接管辖权的清单是不一样的，间接管辖权清单要短很多；

B. 以澳大利亚为例，它的间接管辖权清单就三项规定；

C. 很多英联邦国家都跟澳大利亚一样，间接管辖权清单要比直接管辖权清单短；

D. 虽然英联邦出台《示范法》想要把直接管辖权和间接管辖权清单变成一样长的；

E. 但是这得看有多少国家愿意加入这个《示范法》（注意作者在原文中用了 interesting、just 这两个词，其实他是很消极地看待这个问题）

结论（这是作者通过上述文字暗示的，是中心思想）：

F. 虽然有《示范法》，但是由于无法确定有多少国家会采用它，因此管辖权的差距（多数国家的间接管辖权清单比直接管辖权清单短）仍然存在。

我在领着学生做这段练习的时候，有些同学总结到 E 这个层次，有些同学总结到 D 这个层次，有些同学在 C 这个层次；其实作者想表达的还是 A 这个意思，但需要总结成 F 这个意思。这就说明同学们在抓中心思想和逻辑层次方面还存在缺陷。

再说一下中心思想和主要内容的区别。中心思想是作者想要表达的意思，是作者核心的意思，有时候需要提炼，比如上文第 28 段的层次 F：作者在原文中写了"it will be interesting to see just how many of the Commonwealth states enact the Model Law"，表明其实对各个成员国加入《示范法》这个事并不乐观，不乐观就说明成员国之间还存在管辖权差距，也就说明这些国家和美国不一样，和美国不一样就说明美国长期认为其他国家和它的直接管辖权和间接管辖权清单是一样的这个观点是有误导性的。此处作者的中心思想是需要提炼的，没有办法从原文中找到。主要内容是文章中的一些事，我们需要从这些事当中看出作者的意思（中心思想），也就是情。总结为一句话：主要内容是"事"，中心思想是"情"。

④除了上述三项能力，还要有表达能力（书面和口头）。有些人明白文章内容，但是没办法用精准的语言表达出来。表达能力是需要单独练习的，要利用不同的场合多练习表达。

⑤最后，别忘了把注释、段落、页码、作者信息填写在思维导图的相应位置（我把这个叫作技术处理能力）。这样会在正式写作的时候顺手提取相应信息，而不是最后为了补充论文的参考文献而手忙脚乱。

综上，我们用这样一段文字展示了英文文献的阅读是怎样开展和推进的。呈现出专业文献阅读的本来面目的过程是很辛苦、很有挑战性的。短短的几段文字需要细细阅读，推理逻辑，提炼总结，表达概括。

2）文献阅读第二步：识别论证框架并且评价它

第一，识别论证框架。我们还是以罗纳德·A.布兰德教授发表的《国外判决在中国的承认：刘莉案与"一带一路"的倡议》一文为例。上文已经用思维导图的方式展现了这篇文章的主要内容，现在我们要将这篇文章的论证框架识别并展示出来。论证框架的基本元素就是论点、论据和论证。论点就是作者对问题的观点，也可以称之为结论，我们在本书的第1章已经向大家详细介绍过；论据就是前提，推出结论的依据、证据、原因。论证有时候也被称为推理，是指前提推出结论的过程，用来确保前提能够推出结论，也决定着推理的性质和效果。基本而言，一篇文章的论证框架如图 3-8 所示：

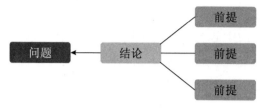

图 3-8　论证结构图

识别文章的论证框架非常重要。你能将这篇文章的论证框架呈现出来，标志着你已经将该篇文章要解决的问题、结论以及推出结论的依据全部都理解并抓取出来，这对于后续的文献综述、你自己的观点形成以及输出性写作都至关重要。因此，任何一篇文章如果只是通读，或者像上文一样做出思维导图还是不够的，那只是对文章的内容有所理解内容只是文章的肉，而论证框架相当于文章的骨头。接下来你还要将这篇文章的骨架呈现出来（见图 3-9）。

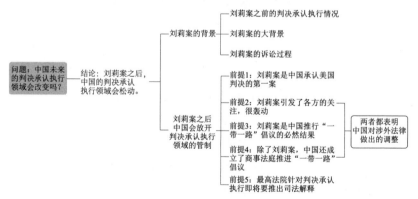

图 3-9　《国外判决在中国的承认：刘莉案与"一带一路"的倡议》批判性
阅读图

通过通读这篇文章，你会发现作者敏感地发现了中国在判决承认执行领域当中发生了一起标志性的案件，即中国首次承认了美国法院作出的判决并使其在中国境内获得执行，这就是引起全世界关注的刘莉案。由此作者思考了一个问题：这个案件是否标志着中国未来在判决承认执行领域中要改变以往保守的做法？作者对此的结论是——在刘莉案之后，中国的判决承认执行领域会发生松动，不会再像以前那样非常保守。作者得出这个结论的前提主要有五项，分别是：

前提 1：刘莉案是中国承认美国判决的第一个案件，之前美国法院的判决从未获得中国法院的承认。

前提 2：刘莉案引发了各方的关注，相关领域的专家对中国的变化很兴奋。

前提 3：刘莉案是中国推行"一带一路"倡议的必然结果，通过背景我们可以了解到，刘莉案发生的背景是"一带一路"倡议，中国积极推行相关涉外法律的改革。

前提 4：除了刘莉案之外，中国还成立了商事法庭，推进"一带一路"倡议，这点也能够证明中国在积极推进相关涉外法律的改革。

前提 5：最高人民法院即将针对外国判决的承认与执行推出相关司法解释。

第二，识别未表达前提。通过这样的梳理，一篇洋洋洒洒、内容复杂的论文的论证框架就被我们提取出来了，非常简洁明了。做完这项工作之后，是不是我们的识别论证框架的环节就结束了呢？还没有！我们还要识别在这个论证框架当中作者没有表达出来的"前提和假设"，也就是我们之前提到的未表达前提。我们之前指出过，未表达前提是指前提能够推出结论的基础，是前提的前提。回到刚才提及的那篇文章，未表达前提保证前提 1—5 能够推导出作者的结论——在刘莉案之后，中国的判决承认执行领域将会松动。

这篇文章比较专业，对于非专业的读者来说可能比较难懂，我简单地将这篇文章的未表达前提提炼一下，提供给大家一个思路，供大家参考。本篇文章的未表达前提是：

未表达前提 1：中国与美国一样在判决承认与执行领域是立法控制模式（这是专业知识）；

未表达前提 2：刘莉案带来的六项突破都会被立法所固定，然后被用于指导未来的案件；

未表达前提 3：中国的"一带一路"倡议会产生对判决承认执行领域进行法律调整的需求；

未表达前提 4：中国围绕"一带一路"倡议已经做了一些法律上的调整。

未表达前提的梳理是非常重要的，因为有的时候我们要想反驳作者的观点，评论作者的观点，除了围绕他的论点、论据和论证过程展开之外，一个最重要的环节是找到作者的未表达前提，对未表达前提进行批判，这也是一个非常常见的评论论证的手段。因此，任何一篇文章的阅读，未表达前提的梳理都是至关重要的，它能帮助你发现很多潜在的信息。

第三，评论论证。评论论证是指对作者论证的状态进行评价，要指出论证的前提（包含未表达前提）是否为真、前提是否能够推导出结论、结论是否可靠、前提和结论之间构成哪种类型的推理关系，以及每个前提和结论之间的关系。通过评论论证，我们能够对文章的论证质量和水平有一个清晰的认识，同时也容易找到这篇文章的优点和不足，进而为文献综述、问题寻找打下基础。

本文作者为了推出结论而列举了五个前提，这五个前提与结论的关系取决于其未表达前提是否成立。作者的未表达前提中前两项是"中国与美国一样在判决承认与执行领域是立法控制模式"和"刘莉案带来的六项突破都会被立法所固定，然后被用于指导未来的案件"。这是作者假设的情况，而实际情况是中国与美国不一样，在判决承认与执行领域是司法控制模式，司法控制与立法控制的最大区别是司法控制的稳定性相对差，延续性也不好。从国内的角度看，刘莉案的意义并没有像这位国外作者认为的这样乐观。刘莉案虽然带来了六项突破，但是这也是个别法院在个别案件上的个别做法，从个别案件上升到立法，并且普及到全国的法院，是一个非常漫长的过程，甚至有可能停留在个案做法上。因此，作者的这两项未表达前提其实是不成立的。这篇文章发表于 2018 年，经过近三年的观察，我们更能够发现，在外国判决承认与执行领域中的模式变革（从司法控制模式过渡到立法控制模式）、法律制定等工作推进得相当缓慢。作者在前提 5 中指出最高人民法院即将针对外国判决的承认与执行推出相关司法解释，这在当时看起来是非常有希望的。但是后来，最高人民法院叫停了这项司法解释的工作，具体原因还是考虑了当时国际国内的综合形势，此外与海牙国际私法会议相关的国际公约的推进也并不顺利，于是国内也采取暂缓推进的原则。

通过对本篇文章作者的未表达前提的分析，我们能够发现这篇文章的作者对中国的相关法律领域相对比较了解，甚至掌握了一些司法的动态和前沿的信息。由于缺乏对中国判决承认与执行领域基本模式的洞察，围绕新近出现的一个案件做出了过于乐观的判断。应该说，中国对判决承认与执行领域进行立法的改革是迟早的事情，尤其在"一带一路"倡议的大背景之下，所以作者对这一点的判断还是相对准确的。而作者对刘莉案的判断就显得相对乐观，因为就中国目前的判决承认执行领域的操作模式而言，一个案件对整个操作模式的影响比较有限，而且作者没有准确掌握中国判决承认与执行领域的司法控制模式，认为中国和美国采取的都是立法控制模式。这一点直接导致作者对前景的判断过于乐观。中国想要进行立法改革必须首先将目前判决承认与执行领域的司法控制模式，转化成立法控制模式，这是一个国家法律传统的问题，并没有那么容易改变。

在阅读完整篇文章、分析完这篇文章的论证框架之后，我对这篇文章的论证持以下观点：

①这篇文章的作者对中国判决承认与执行领域非常感兴趣，并且掌握了相关信息；

②作者能够从一个较大的背景（"一带一路"倡议）去观察中国的判决承认与执行领域的变革；

③单从作者对案件的分析、六项特点的概括和作者列举的五项前提来看，作者的结论貌似很可靠；

④但是从未表达前提就可以分析出作者的论证所依赖的两个未表达前提是值得商榷的；

⑤本文的作者对中国判决承认和执行领域的未来状态的判断过于乐观。

综上，从文献的阅读、论证框架的整理、未表达前提的识别到对论证的评价，我们就完成了对这篇文章论证部分的分析。这对于后续写作非常重要。很多年轻的学者写不好文献综述、没有办法形成自己的观点和看法、撰写不好申报书的根本原因都在于文献分析不到位。但是年轻的学者又苦于没有一整套指导他们进行文献分析的方法以实现对文献的分析性阅读，本书尝试将分析性阅读的步骤整理出来，结合实例展示在分析文献的过程中需要的思维方法，希望能够为年轻的学者提供一个参考。

此外，在对文献进行分析性阅读的过程中要对关键的信息进行记录，这也就是我上文所说的记笔记的方法。首先，我们要制作关于整篇文献的思维导图，帮助我们呈现整篇文献的基本内容、注释、年代、作者、期刊等相关信息；其次，我们要在这幅思维导图的基础之上提炼出该篇文章的论证框架的思维导图，这幅导图能够提供给我们作者研究的问题、得出的结论、使用的前提和未表达前提；最后，我们要对作者的论证进行评价，形成我们自己对作者这篇文章的专业看法。以上涉及的这些内容、步骤都需要留有痕迹并且分类管理，不能简单地在文章旁边做眉批，这也就说明了分析性阅读和我们之前提及的、被我们广泛使用的线性阅读有着非常本质的区别。只有这样的阅读才能深入文献的本质，帮助我们了解作者的观点，启发我们的思维，引领我们进行真正的思考；也只有这样的阅读才能最终引导我们形成自己的问题意识。比如我自己，除了阅读上面提及的文章，还检索和阅读了所有国外关于刘莉案讨论的文章，然后我发现国外有很多学者通过对刘莉案的探讨都得出了相似的、过于乐观的结论。于是，我就写了一篇文章探讨在刘莉案之后，中国的判决承认与执行领域会不会发生很大的变化，同时对相关国外学者的观点进行了回应。这就是通过文献阅读形成的问题意识，但是如果你对别人的文献分析无法到达未表达前提的层面，你也就没有能力回应。

3.1.2　文献综述是申报工作的物质基础

我们在上文详细地介绍了一篇文章的分析性阅读（也叫批判性阅读）是如何开展的，要做到什么程度，需要形成哪些书面的记载和认识，整理哪些信息。这部分我们将介绍一下阅读完文献之后，我们要开展的另一项活动——文献综述。

我们在第 2 章国内外学术史梳理的部分已经介绍了文献综述的做法，这部分主要是想分享一下文献综述的形成过程。如前所述，我们指出一份文献综述就是将阅读过程中每一篇文献的信息按照时间线索、空间线索、学派线索、国别线索、作者线索、观点线索等进行整理，最后围绕上述几个方面，以观点线索为主线索呈现出所有相关文献的研究状态。我们要明确以下几点：

（1）文献综述是主题性阅读的结果，所谓主题性阅读就是围绕某一主题的相关文献（满足全面性、权威性、及时性和针对性的要求）展开分析性阅读。也就是说，主题性阅读是大批量的、同一主题的相关文献的集合，这是主题性阅读的基本标志。国家社科基金的申报是需要开展主题性阅读的，只是阅读少量的文献，或者没有展开分析性阅读，都没有办法达到主题性阅读的要求。

（2）文献综述要求对主题性阅读的每一篇文章都要进行上文描述的分析性阅读，并且形成相应的文字记录，如果没有相应的文字记录，也没办法形成文献综述的几条线索。有的申报者写文献综述的时候没有一点思路，主要原因就在于前期文献的分析性阅读没有做到位。

（3）文献综述是对全部经过批判性阅读的文献的再一次整合和加工。经过上文的介绍，相信读者们已经能够了解阅读一篇专业文献其实是一项难度较高，但确实能够整理出很多"干货"的学术活动。不少读者可能会认为，文献综述就是把每一篇文献分析性阅读的"干货"按照我们所说的那几条线索整理在一起就可以了。其实文献综述不光是需要将每一篇文献的分析性阅读得到的信息整理在一起，这里还有一个加工的过程。我们假设制作文献综述的每一个线索都是一种抽屉——时间抽屉、空间抽屉、作者抽屉、观点抽屉、学派抽屉……你在阅读文献的时候就会从每一篇文献中提取出相应的信息放在相应的抽屉里。阅读完文献之后，文献中的相应信息也就被分配完毕，全部被放在了相应抽屉里。这样算不算文献综述呢？不是的，这只是文献综述的第一个步骤，把相关的素材和信息放在相应的抽屉里。

文献综述的第二个步骤是分别把每个抽屉里的信息再一次进

行整合。即便我们已经把阅读过程中产生的相关信息放在了相应的抽屉里，我们会发现拉开每个抽屉的时候，里面还是乱的，是一堆杂乱无章的信息的堆积。所以我们还需要对每个抽屉里的"物品"进行整理，实现有序"收纳"。比方说我们将时间信息整理成几个时间段（这个时间段是依据学者推进研究形成的进展整理出来的，不是随意的人为划分），将空间信息整理成几个区域，将学派信息整理出几个代表观点。整理之后，你会发现这个抽屉里的东西不是乱放的，而是被"收纳"了，被分割成有序的几个部分。完成这个过程需要一定的思维工具帮忙，如抽象、概括、综合等，因此，对每个抽屉里的信息进行整合的活动并不是简单的分类整理工作，而是一项复杂的思维活动。能否准确地将信息归类、整合，概括出它们的共同特征，抽象出它们背后的本质规律，其实是需要思考的。

文献综述的第三个步骤是建立抽屉和抽屉之间的联系。上文提及的主要是将每个抽屉内部的信息进行整理，但是抽屉和抽屉之间不是隔绝的，而是相互联系的。比如学者的观点一定是可以跟他所在学派结合在一起的，同时在不同的时期，学者们的观点也是不同的。这样就使代表学者、代表观点和学派、时间的抽屉发生了联系。同样，这个过程也不是一个简单的连线工作，而是一个大脑思考的过程，而且更为复杂，因为大脑需要处理的信息更加复杂和多样。将不同的抽屉中不同的信息整合成一个秩序井然的学术发展网，这非常考验阅读者的水平。

（4）文献综述是述评结合，以评为主。虽然我们在之前提及两种不同类型的文献综述，但是基金申报需要的文献综述是论证式文献综述。这种类型的文献综述着重考察申报者对文献综述的认识和对国内外学术史的认识和观察。作者必须表达对与自己研究相关的、已有的研究成果的理解和认识，也就是必须表达观点。至于学术史过程中的不同的作品、阶段、学者等信息则是用来支撑作者对于整个研究史的观点的。述是评的论据，评是述的观点，有述有评才是一篇符合国家社科基金申报要求的文献综述。

（5）文献综述要导向结果，如果没有结果，就是失败的文献综述。那么文献综述应该提供哪些成果呢？

1）文献综述应当能够给我们提供问题意识。文献综述是国内外学术史的梳理，也能够揭示未来学术发展的动态，原因就在于文献综述已经将已有的研究进行整理，在整理的过程当中，作者必须对现有的研究作出评价，包括但不限于：研究的覆盖面，即涉及了哪些领域和范围。研究使用的主要方法。哪些领域已经得出了共识性的结论？哪些领域还存在分歧？哪些观点和方法还可以改进和继续探讨？哪些观点和结论是值得商榷的，甚至是错误的？这是文献综述的基本动作，在这些基本动作完成之后，研究者就应该能够判断出自己从事相关领域的研究时应当切入到还没有形成共识和解决方案的领域，也就是说存在问题的领域。因此，文献综述是能够提供给研究者问题意识的，对这种问题意识稍加整理，就会形成研究的具体问题。

2）文献综述应该能提供解决思路和方案。文献综述不能给研究者要研究的问题提供一个确定的结论和具体的方案，这是后续研究需要突破的事项。但是文献综述至少是能够给我们的研究提供宏观层面上的解决思路和相对中观层面上的解决方案的，它是能够指导我们继续推进对这个问题的研究，直到最终寻找到确定的答案。文献综述对于既往研究的梳理不仅仅是停留在研究的内容上，还包括研究所使用的方法和路径。通过制作一份符合上述要求的文献综述，研究者能够判断出现有的研究是基于什么样的路径、方法开展的，这种路径和方法的优势和劣势分别是什么，进而形成了对既往研究在方法论层面上的判断和评价。这种方法论层面的判断和评价能够对研究者开展后续的研究形成指导。此外，国家社科基金的申报书虽然不要求申报者得出具体的结论和解决方案，但它还是希望能够看到研究者想要怎样解决其所提出的问题，展示解决问题的路径和方法。

3）文献综述应该能提供研究的意义和创新性。当研究者确定了其所要研究的问题和主题之后，可以利用文献综述来对自己即将开展的研究进行研究意义和研究创新度方面的评估。如前所述，研究意义是指解决了研究者提出的问题之后能够带来的理论和实践方面的价值，相对于已有的研究和实践一定是具有创新性的。如果研究者在展望自己的研究蓝图并将之与文献综述进行对比的时候并没有发现该研究在理论和实践上有任何突破，那基本可以判断这项研究的创新度是不足的，甚至是没有必要开展的，自然也就不会获得资助。

综上所述，可以毫不客气地说，文献综述是一项研究开展起来的非常重要的基础，后续所有的研究活动都要以文献综述为基础。文献综述不仅给研究者提供了问题意识、思路方法，还是研究者日后构思论证的主要素材。因此，评审专家对文献综述的部分也是非常重视的，这应当是一份申报书中分量最重的部分。

3.2　申报思路整理

3.2.1　从问题意识到文章的标题

当你在进行主题性阅读的时候，其实你的文章的研究领域就已经确定了，比如我目前正在阅读的大量材料都是围绕外国判决承认执行领域展开的，所以我研究的领域在主题性阅读之前就已经确定了。经过主题性阅读，我们能够对外国判决承认执行这个领域既往的研究有比较深入的了解，比如外国判决承认与执行制度的主要内容、不同国家的不同做法、国际层面上的国际公约、外国判决承认与执行制度的历史发展等。我目前关注的比较多的是海牙国际私法会议出台的，有关外国判决承认与执行的两个国际公约，以及在这两个公约之下中国和其他国家的法律调整和未来格局的形成，这是外国判决承认与执行领域的一个分支。围绕此分支展开主题性阅读之后，我掌握了美国国内关于判决承认执行制度的状态以及对《制止非法劫持航空器公约》（以下简称《海牙公约》）的不同态度；中国国内关于判决承认执行制度的状态以及对海牙公约的不同态度；其他主要国家的国内制度和相关立场，如俄罗斯、欧盟等，这是我的文献综述的主要内容。我在上文提及过，文献综述一定要提供问题意识，所谓的问题意识就是在对文献整理之后，你发现的可能存在问题的方面，这也是你在未来开展研究的方向。在将文献综述制作完毕之后，我至少在以下几个方面发现了可以推进研究的点，也就是逐渐显露的问题意识：美国对《海牙公约》的态度及其对未来相关领域的国际格局的影响如何？中国应当对《海牙公约》采取什么样的对策，是加入还是观望？中国在《海牙公约》之下应该对判决承认与执行制度做出怎样的调整？这种调整与我们目前正在推进的"一带一路"倡议是什么样的关系？如何评估海牙公约与我国对内对外的制度之间的关系？当然还可以从更为宏观的角度去设想一下海牙公约未来能够构建的格局是什么样的。以上都是我的问题意识，一个好的主题性阅读或者说一个好的文献综述是能够给研究者提供一个非常具有延展性的研究方向的。老一辈研究者经常会跟年轻人提起，在确定研究方向的时候，要考虑这个研究方向的延展性。

意思是这个研究方向能够持续地提供给研究者问题意识。当你将一个分支研究完毕之后，还有其他的相关分支供你继续研究，这样就使得你个人的研究始终围绕一个方向开展，进而使得你个人的研究体系紧凑且丰满，也更能够帮助你在一个非常专注的领域中形成研究成果的规模效应。我目前选择的这个研究方向——外国判决的承认与执行就是一个非常有延展性的研究方向，它既允许你从一国国内的角度观察这个制度的演进和变化，也允许你从国别或地区的角度观察这个制度的中观布局和未来发展，还允许你从国际的角度去观察这个制度的宏观格局和未来走向。不仅如此，该研究方向的内容也是非常丰富的，你既可以从它的某个事项入手，如互惠原则、法律互惠、事实互惠、拒绝承认执行的条件、间接管辖权等展开具体问题的研究，也可以从该制度与平行的其他相关制度之间的互动和关系入手进行研究。因此，这个研究方向能够持续给研究者提供连绵不断的话题，也就是"问题意识"。

有的研究者，尤其是青年研究者，对于研究方向的选择并没有经过深思熟虑和慎重思考，导致其开展一段研究之后，发现这个研究领域就没有任何值得继续推进研究的"话题"了，这就使得研究者不得不转换研究方向，这对于个人成长其实不是十分有利。因为转换研究方向是有成本的，它意味着你不得不再次确定一个主题进行全面的主题性阅读，这是一种精力和体力上的重复，相当于另开辟一个山头重新作业。我们知道科研工作者的时间和精力都是非常有限的，如果总是另辟山头重新开始的话，可能一辈子能达到的高度不如围绕着一个富裕的山头一直作业能够达到的高度高。当然这是题外话，考虑到本书的读者大多是刚开始从事科学研究的青年学者，就把这个问题顺便说一下。

当你做完文献综述之后，你可能会有很多的"话题"（问题意识）想要开展下去，这时候你就需要进行选择。就像我上文指出的那样，我需要在我发现的那些诸多话题当中，选择一个展开研究。选择的标准除了个人偏好之外，还要衡量一下，在这些话题当中哪一个是最为基础的，是展开其他研究的前提；哪一个是目前学术研究需要迫切解决的问题，紧迫性要高于其他话题。然后你从中选择一个话题展开研究，这个过程也是凝练标题的过程，即问题意识—聚焦某个问题—形成标题。接下来我们详细介绍这个过程。

1. 从问题意识中聚焦某个具体问题

正如前文所述，文献综述整理完毕之后，你可能会发现有很多"话题"可以深入研究，然后你从中聚焦一个最基础、最亟须解决的问题。比如上文所列举的，我在所研究的外国判决的承认与执行领域中，目前比较关注海牙国际私法会议推出的两个有关判决承认与执行的公约本身的一些情况和对国际、区域、缔约国相关制度带来的影响。这个研究范围很大，没有解决的问题就很多，如从国际层面上来看，未来的有关判决承认与执行的国际格局是怎样的？在判决承认与执行事项上区域之间的张力和博弈是怎样的？从国内法的角度来观察，主要的缔约国如美国、中国、俄罗斯的国内法将会如何演变？对彼此的影响又是怎样的？具体到中国，我们应不应该加入公约？何时加入？该做怎样的保留？国内法怎样做相应的调整？这些都是需要被解决的问题。当然，这些选题之间都是相互关联的，只是以其中一个作为主选题的话，其他的内容就可能成为这个主选题的背景或者考虑的因素。如果是作为基金申报的选题的话，我会选择从中国的角度研究国内法与公约内容的接驳，站在中国的立场研究问题始终是国家社科基金亘古不变的选题方向。如果从中国的角度研究国内法和公约内容的接驳，就离不开对公约自身的发展态势分析、对主要缔约国和像欧盟这样的组织产生的影响，以及其他国家对公约的态度和采取的策略等内容，只不过我会把这些当作研究的背景，不会让它冲击主题——中国该如何选择和决策，国内法应该如何调整。

2. 从具体的问题到标题的形成

上文指出，我已经在众多的问题意识当中捕捉到一个具体的问题并将它清晰地表达出来，即在海牙国际私法会议推出两项关于外国判决承认与执行的公约的大背景之下，同时在美国、欧盟及其他主要国家和组织对公约作出相关反应的基础之上，我国应该对公约采取什么样的策略？这个问题明确了之后，就要继续锁定和确定标题。我们之前提及标题至少要包含研究对象、研究问题、研究主题、研究背景、研究方法。光确定研究问题是不够的，因为研究问题本身也包含很多的维度和切入的角度，研究者需要在问题的基础上进一步锁定标题需要确定的那几方面内容。

我们继续分析要研究的问题——中国的对策。由于海牙国际私法会议推出了两项国际公约直接将外国判决的承认与执行问题摆在了我们面前。美国由于是联邦制国家，它确立了一套有别于其他国家的从州到联邦的判决承认与执行体系，它签署了《海牙公约》，但是尚没有批准。欧盟由于本身就是一个一体化程度比较高的区域国际组织，它内部的判决承认和执行体系已经由之前签署的《布鲁塞尔公约》调整。但是欧盟又率先签署了《海牙公约》。我国的判决承认与执行体系一直没有被建立起来，在实践当中，涉及外国判决的承认与执行，法院主要的依据为《中华人民共和国民事诉讼法》的第 281 条和第 282 条。这两个条款规定得较为笼统，具体承认的条件和拒绝的条件十分不清晰。再加上，我国发展外向型经济的时间尚短，相应的涉外的法律体系也没有完全建成。因此，实践当中我们对外国判决的承认和执行其实是非常保守的，也就是说，我们几乎不承认其他国家的判决，除非我们与这个国家签订了双边司法协助协定。如果没有条约作为基础，我们很难在互惠的基础上承认外国判决，即便有个别案件有所突破。但是应当看到我们国家对外国判决的承认与执行，主要是由司法体系来控制，而不是由立法体系来控制，因而导致这些个别的案件并没有形成规范性的意见进而对全国的法院都具有约束力。但是，在国际层面，海牙国际私法会议一直在推动外国判决承认与执行的相关工作；在区域层面，欧盟和美国也一直非常关注外国判决承认与执行方面的工作；在国内层面，我国于2013年推出"一带一路"倡议。这些客观的条件都迫使我们不得不认真思考我国的判决承认与执行体系应当如何建构。因此，综合上述考虑，我决定将研究对象确定为我国判决承认与执行制度；研究的问题是我国判决承认与执行制度其实是缺失的；研究的主题是建构；研究的背景比较复杂，包含海牙判决承认与执行公约的推出，欧美关于判决承认与执行方面的立法推进，我国"一带一路"倡议的实施。确定完这几个要素之后，我们就可以组织语言将标题表达出来。经过思考，我还是决定将标题确定为"海牙判决公约背景下我国判决承认与执行法律体系的建构"。

3.2.2　形成论证框架

还记得在文献阅读环节提及的论证框架吗（见图3-10）？国家社科基金申报需要对专业文献展开分析性阅读，分析性阅读不仅要阅读文章的主要内容，更为重要的是要对文章的论证框架进行识别。现在，轮到你写作了，在写作的时候你同样需要这样一个关于所要解决的问题的论证框架。

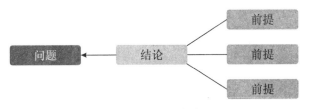

图 3-10　论证框架

　　申报书的撰写在本质上跟文章的撰写是一样的，都是议论文写作，核心要素都是论点、论据和论证，这三项核心要素都是围绕问题展开的。因此，在开始撰写申报书之前，你需要将自己的论证框架整理出来。这个框架能帮你明确你所要解决的问题是什么，你的结论是什么，以及推导出结论的前提是什么。我们试着围绕我的研究——《海牙判决公约背景下我国判决承认与执行法律体系的建构》来简单建构一个论证框架，如图 3-11 所示。请读者朋友们依旧将注意力放在框架的构成和要素相互之间的关系上，而不要过分关注关于判决承认与执行法律体系建构的实质内容，这并不是本书要着重表达的内容。

　　关于论证框架，我们还有两点需要说明：

　　第一，严格意义上来说，论证框架的形成需要研究者进行深入细致的思考。每个学科、每个研究方向都有其独特性，本书在这个部分无法过多地展开，只是想提示读者，在正式开始写作之前，我们需要有论证框架，而这个框架是按照分析性阅读—文献综述—问题—标题—论证过程，一点一点被推导出来的。这个过程是必须的，否则你在申报书撰写环节就会受阻，就会写不下去。希望申报者能够耐心地做好前期的准备工作，这样才能在申报季来临的时候做到"手里有粮，心里不慌"，不至于因未做好必要的前期工作而导致申报书欠佳。

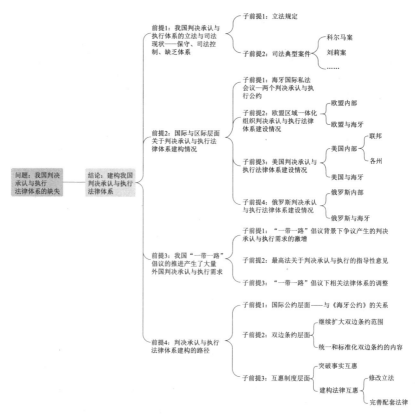

图 3-11 《海牙判决公约背景下我国判决承认与执行法律体系的建构》的论证框架

第二，论证框架的形成不仅是个人思考的过程，也是与同行不断切磋和打磨的过程。本书一开始说过，国家社科基金考察申报者两项能力，一项是用专业知识解决问题的能力，另一项是申报者对自己研究的整体评估能力。有时候我们虽然好不容易弄出来一个论证框架，但是选题、论证的过程都不能达到国家社科基金的要求。因此，建议申报者在构思论证框架的时候多找同行请教，不断反思，以确保自己的题目、想法是符合学科规律和基金申报要求的。在这一点上，我经常会感受到大学校、重点高校的优势。曾经有一个小学校的老师跟我说，自己申报了多年也没中，想找一个人指导，可是学校不大，从事相关研究的只有他一个人，其他专业同事的水平也一般，没办法高屋建瓴地提出具有建设性的意见。相反，一些实力相对雄厚的学校，比如我所在的高校，不仅学校每年会组织相关的培训，而且有很多经常参与国家课题评审的专业老师，他们能够给到申报者非常中肯的意见。如果作为申报者的你发现你所在的学校、平台不足以提供专业的支撑，那就需要多参加学术群体的活动，利用这些学术交流的机会向同行的专业人士请教，最终获得专业能力的提升。而国家社科基金申报辅导的"专家"，其实只能看出来你有没有问题意识、论证，以及论证是否符合要求，但是在生成论证和使论证达标这两个问题上其实是无能为力的，这两个专业问题只能依靠你自己和你所在的学术圈的业内人士解决。

综上，本章写作的主要目的在于提示申报者，基于前面所阐释的国家社科基金申报以及申报书撰写的基本认识，在每年国家社科基金申报工作开始之前，我们需要做大量的准备工作，而不是在申报季开始的时候才琢磨手头的申报工作，这样就来不及了。我们在本章将申报之前的几个关键环节——文献的分析性阅读、文献综述、问题意识及具体问题锁定、标题的形成以及论证框架等进行详细解读，希望能够让申报者的申报工作开展得更为全面。此外，很多学校为了提升国家社科基金的申报成功率，将申报的管理工作前移，开展了一系列的培养工作，申报者也可以配合高校的管理节奏将自己的申报工作进行自我管理的前移。有些能力的训练不是一朝一夕的，比如对论证框架的分析、评论，对未表达前提的识别等，初级练习者需要一定的时间才能完整而准确地呈现文章的核心要素。因此，也希望通过本章的阅读，申报者能有意识地在日常阅读中对自己的相关能力进行练习。如果你已经完成了本章内容的准备，那你就可以按照第 2 章——国家社科基金申报书各个部分撰写的具体指南来开展你的申报书撰写工作了。

附录

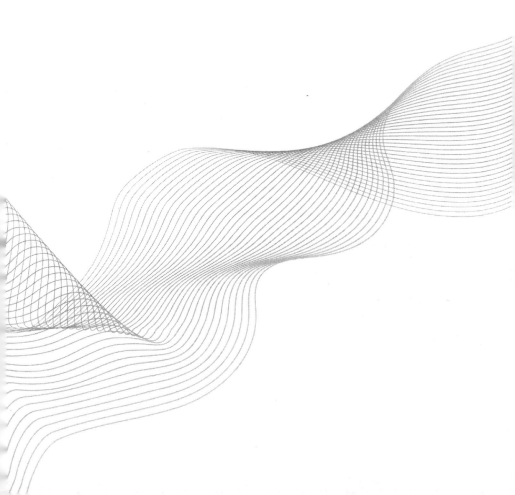

附录 A　国家社科基金申报常见问题

考虑到国家社科基金的申报是一项极其复杂的工作，不仅在申报书填写过程中容易出现各种问题，还在整个研究管理过程中会遇到过程管理的问题，本书整理了国家社科基金申报常见问题和在本书中对应讲解的页码，方便大家在具体申报的时候有针对性地翻阅和自我检测（见表 A-1）。

表 A-1　国家社科基金申报常见问题

错 误 类 型	页码	备　　注
文体错误	4	把议论文写成说明文
不懂什么是"问题"	7	提出问题部分
问题过大或过小	9	
研究的不是"真问题"	11	
研究的不是"专业问题"	13	
不懂什么是"分析"	18	分析问题部分
没有依据理论"拆分"	22	
没有依据标准"考察"	22	
拆分没有"逻辑性"	28	
没有观点及观点体系	31	解决问题部分
不了解本人的学术研究在整体学术研究脉络中的位置	36	评估和判断自己研究的部分
不了解本人的研究在社会实践中的地位	38	
不了解自己所从事研究的难度	41	
不懂什么是"主题"	46	题
不懂什么是"论证"	47	
标题超字数	49	标题
有副标题	50	
标题的组成模块安排不合理	50	

错误类型	页码	备注
标题中核心词汇没有学科属性	55	
标题用词不精准	57	
关键词超过三个	60	关键词
关键词中间没有用空格	60	
关键词没有学科属性	60	
第一个关键词没有安排好	61	
没有引言（还是建议要有）	63	引言
引言超字数	63	
引言缺项（那几句话没写全）	65	
引言句式粘连	74	
引言叙述方式不准确，没有为主题服务	74	
偷换概念，概念偏移	75	
类型错误（需要写成论证式文献综述）	79	文献综述
文献不符合"四性"	81	
文献阅读做得不到位（线性阅读）	81	
缺要素和线索	82	
没有以观点线索为主	82	
没有对过往研究形成高度概括或概括不够	84	
没有对未来研究进行展望	84	
超字数或者字数不够	87	
掉层次，没有扣住"题"	87	
使用描述性语言而没有使用断言	88	
没有写出围绕解决问题带来的好处	92	学术价值和应用价值
没有突出创新性	92	
超字数	93	
项目没找全	93	同已立项目的区别
没有扣住"题"	93	
没有说明区别及创新性	93	
没有做到虚实结合（层面太低或者太高）	95	
"耍大牌"写法	95	
没有写成简单句，句式复杂不好懂	95	

错 误 类 型	页码	备 注
研究对象超字数	97	研究对象
写作得松散，没有整合成一句话	98	
研究对象没有扣住"问题"和"主题"	100	
盲目写作，没有从问题到主题的路线图	101	研究思路
缺项或者夹带了其他不需要的内容	102	
没有高度概括	103	
超字数或者字数不够	103	研究框架
没有扣住"问题"和"主题"	104	
写成了书的目录（推荐提出问题—分析问题—解决问题的模式撰写）	104	
写作不到位，没有带出具体内容	109	
不知道什么是重点	111	重点难点
不知道什么是难点	111	
不区分重点和难点	113	
写跑偏，没扣住"题"	113	
对研究方法及种类不了解	115	研究方法
采用了错误的研究方法	118	
研究方法没有扣住"题"	119	
研究方法过多或者过少	119	
没有说明使用该种研究方法的原因	120	
没有说明使用该种研究方法研究的内容	120	
没有说明使用该种研究方法达到的目的	120	
前期成果没有相关性	121	前期成果
写得过于隐晦	121	
数量过多或过少	123	参考文献
没有体现研究脉络	124	
没有外文文献	125	
形式不统一、不规范	126	
积累不够且下手太晚	130	自我管理方面
重要环节掌控不到位	130	
文献阅读不到位	132	文献阅读

续表

错误类型	页码	备注
线性阅读而不是分析性阅读	132	
不会制作导图或者导图制作粗糙	134	
抽象能力欠缺	134	
概括能力欠缺	134	
无法抓住核心关键词	137	
无法捋清关键词之间的关系	139	
逻辑推理能力欠缺	140	
不能识别未表达前提	142	
识别论证能力欠缺	149	
不能分析出一篇文章的论证框架	149	
评论论证能力欠缺	152	
主题性阅读的文献不满足"四性"	156	文献综述
没有对每一篇文献开展分析性阅读	156	
对所有文献梳理得不到位	156	
文献综述没有做到述评结合	157	
文献综述没有提供"问题"	158	
文献综述没有提供解决思路和方案	158	
文献综述没有提供研究的意义和创新性	159	
问题意识模糊	162	申报思路形成
没有从问题意识形成一个合格的标题	163	
没有形成自己研究的论证框架	164	
论证框架中前提、结论的逻辑关系不成立	165	
论证框架没有经过同行多次提意见	166	
论证框架有瑕疵、没有经过多次打磨	166	

附录 B　过程管理清单

　　本书还根据国家社科基金申报经过的所有环节制作了一份过程
管理清单，方便你进行过程管理（见表 B-1）。这份清单的目的在于，
第一，提示你，如果没有完成前一项工作，尽量不要着急开展下一
项工作，如果你跨越了某个未完成的阶段，最后你还是要回来把欠
缺的东西补齐的。正所谓"出来混，迟早是要还的"。第二，帮助
你在完成一项工作之后进行打卡，开展下一项工作，从而有序管理
你的申报以及研究工作。

　　在使用本清单的过程中，申报者可以根据自身的实际情况进行
调整，毕竟每个申报者的积累、研究侧重各有不同，研究的深入程
度也各有不同。针对过程管理清单，你可以在自己已经有积累的地
方减少时间投入，在自己积累不够的地方增加时间投入。

表 B-1　过程管理清单

步　骤	预计花费时间（建议预留半年时间）	注 意 事 项
确定论域（大的研究方向）	因人而异，取决于每个人的研究成熟度	①建议结合申报指南 ②建议结合过往研究
文献检索	集中检索可能在 1 个星期内完成，后续可能会随时补充	①文献检索要围绕主题进行，要为后续的主题性阅读服务 ②文献检索要符合"四性" ③制作文献列表、进行文献管理
实证数据、案例收集	1～2 星期	①有些研究需要实证数据和案例的收集 ②这些数据可能很耗时 ③收集之后需要规范化管理 ④数据、案例需要阅读和整理，提取相关信息

步　　骤	预计花费时间（建议预留半年时间）	注　意　事　项
文献阅读	最为耗时。取决于每个人的阅读速度，建议每天阅读 1～2 篇，控制在 2 个月内完成	①每一篇都要分析性阅读 ②要制作思维导图 ③要进行分析论证和评论论证
文献综述	耗时且费脑，最好留出 10 天左右的时间	①每一篇都要分析性阅读 ②把需要的线索进行整理放入不同的抽屉 ③整理每个抽屉的内容 ④捋清抽屉之间的关系 ⑤撰写文献综述
形成问题意识	5 天	①从文献综述中抽取问题 ②建议结合申报指南
围绕问题意识形成标题	3 天	①注意标题的要求 ②要体现研究对象、研究问题和研究主题
提取关键词	1 天	①从标题中提取 ②从正文中提取高频词汇 ③注意体现学科标识 ④注意第一个关键词的选取
形成论证框架	形成需要 5 天，后期打磨和调整需要 15 天	①要明确说明问题 ②要有对问题的结论 ③要有前提 ④前提能推出结论 ⑤多找人提意见
撰写申报书	整体上需要 1 个月	①留出时间越多修改得越充分 ②至少在前期准备充分的基础上留出 1 整个月时间
标题和关键词	随时撰写	前期已经有思考，因此不难

续表

步　　骤	预计花费时间（建议预留半年时间）	注 意 事 项
引言	1～2天	①建议按照上文的5～8句话撰写 ②字数控制在500字以内
国内外学术史梳理及研究动态	2～5天	①此处的文献综述来源于你制作的总的文献综述 ②需要提炼，字数控制在1 500字之内
同已立项目的区别	2天	①需要检索同类项目 ②需要表明你的研究的差异性和创新性
研究意义	1天	①分为理论意义和实践意义 ②简单句，简明扼要列举
研究对象	1天	①简明扼要，高度概括 ②说明研究对象、问题和主题的内涵和外延 ③控制在70字之内（最好别超过100字）
研究思路和研究框架	2天	①比较耗时 ②字数控制在1 500字之内
重点难点	1天	①重点难点分开写 ②简单扼要，高度概括
研究方法	1天	①选3～5种研究方法，最好4种 ②说明采用每种方法的原因、要研究的内容和要达到的目标 ③高度概括，控制字数
前期成果	1天	①要列明，要明说 ②数量适中，也不是越多越好
其他部分撰写	3~5天	①可以多找其他的申报书观摩和学习 ②控制总字数，整个申报书的字数可以由此来进行调节
后期打磨和修改	15天	①这个过程很重要，修改10次以上是很正常的 ②多请别人尤其是同行提意见